子どもの貧困

未来へつなぐためにできること

NPO法人キッズドア理事長
渡辺由美子

水曜社

日本の子どもの7人に1人が貧困という現実をご存知ですか?

［貧困によって起こる教育格差］

母子家庭

平均就労年収
181万円

一般家庭

平均就労年収
626万円

小学6年生の正答率の比較

	母子家庭	一般家庭
国語A	53.0%	64.8%
算数A	67.2%	80.1%

高校3年生の進学率の比較

	母子家庭	一般家庭
就職など	35.9%	15.7%
大学進学	28.2%	49.4%

日本の子どもの貧困は 相対的貧困

2015年には13.9%に改善されましたが、依然として**7人に1人**にあたり、約**280万人**の子どもたちが貧困状態にある

■ 子どもの貧困率

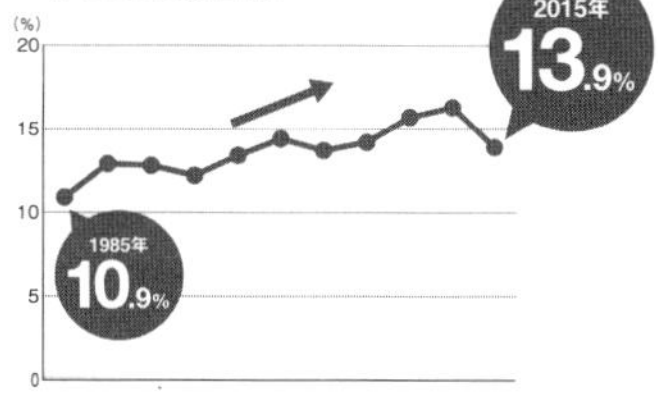

1/7

子どもの7人に1人が貧困状態です

保護者1人+子ども1人
年間173万円未満で暮らす生活

ひとり親家庭の子どもの2人に1人は貧困です 50.8%

ひとり親 家庭の貧困率は、
OECD加盟**35カ国中1番高い**

はじめに

私が、２００７年にキッズドアをはじめたときには、「日本に子どもの貧困がある」ということを知っている人はほとんどいませんでした。それから10年以上が過ぎ、「日本の子どもの貧困」の認知度は上がり、子どもの貧困対策も少しずつ進みはじめました。

現場で活動していて強く思うのは、貧困状態にある方も本当に一生懸命努力して仕事や子育てを頑張っています。ちょっとしたきっかけで社会のひずみに落ちてしまい、そこから抜け出せないだけなのです。

しかし、一方「貧困バッシング」と言われる貧困状態にある人への「自己責任論」や「怠け者」的なレッテル貼り、「貧困状況にあることは悪いことである」という前提に立ち、貧困を安易にとらえ一方的な判断を押しつける考えかたに、非常に戸惑います。

「お金がない」ということはたんなる経済的な状況でしかなく、それ自体に善し悪しはつけがたいと私は考えます。お金持ちが良くて貧乏が悪いわけではけっしてありません。お金がたくさんあっても不幸な人はいますし、お金がなくても幸せな生活をしている人もたくさんいます。世の中には、自分の家も昔はとても貧乏だったけれど、頑張って努力をして成功をした人がたくさんいます。その人が、悪い人かとか、子どものときに不幸せだったかと言えば、けっしてそうではないでしょう。

実は昭和12年生まれの私の父も、兄弟が多く高校にはいけずに山形で大工の弟子入りをしました。その後、東京に出てきて、千葉で小さな工務店を経営し、一軒家と作業場を構えました。お酒を飲むと、昔の貧乏話が出てきますが、それはあくまでも懐かしく楽しい昔話です。

私は、それなりに何不自由なく成長し大学に進学しました。父も私も、貧困の連鎖から脱出したとも考えられます。子どもは親を選んで生まれるわけにはいきません。たとえ、裕福な家でも貧しい家でも、それぞれに幸せがあり、そしてそこで同じようなチャンスに恵まれ、頑張って自分の進みたい道を歩んでいける、少し前の日本はそういう希望にあふれた国でした。

いまはどうでしょう?

大変迷いましたが、本書には私がキッズドアの活動を通して出会った子どもたちや保護者の様子も書きました。決して「こんなにかわいそうな子どもたちなのです」と同情を引くためではありません。「今、日本で起こっている子どもの貧困の実態」をできるだけ正確に伝え、どうすべきかを皆さんと一緒に考えるためです。7人に1人の子どもが相対的貧困とはどういう状況なのかを、多くの皆さまに知っていただくことが、子どもの貧困を解決する一番の早道だと思うからです。

どんな環境に生まれても、夢や希望をもって子どもたちが目を輝かせる。そんな日本をつくるために、日本の子どもの貧困に私たちがどう取り組むのか? をみなさんと一緒に考えていければ幸せです。

なお、プライバシーを考慮し、記述では個人が特定できないような配慮を加えてあります。

子どもの貧困　目次

第2章 教育格差の実態

第3章 現場で起きている奇跡

第4章 私たちが大事にしていること

第5章　子どもの貧困対策は「福祉」ではなく「将来への投資」

第1章

大学生って本当にいるんだ

見えづらい日本の子どもの貧困

私は2007年にキッズドアの活動をはじめました。2010年から低所得の子どもたち、主に中学生を対象とした無料学習会を開催しています。私たちの学習会を見学された方が必ずおっしゃる言葉があります。

「この子たちが貧困とは絶対にわかりませんね」

身なりはきちんとしています。お洒落な女の子もいます。持ち物もボロボロだったりはしません。携帯電話やスマホをもっている子も少なくありません。「貧困」という言葉から連想される「痩せこけている」だったり、「何日もお風呂に入れないような不潔」を感じさせるような子はまずいません。町の中のどこにでもいるような子どもたちです。おそらく子どもたち本人も、自分たちが「貧困」であるという自覚はないでしょう。

日本の子どもの貧困は「見えづらい」のです。だからこそ、問題がこれほど深刻になるまで誰も気がつかなかったのでしょう。一見どこにでもいる普通の子どもたちが「貧困の連鎖」に巻き込まれています。そして、貧困の実態は皆さんが想像しているよりはるかに深刻です。

お昼代の予算は100円

「今日のお昼代の予算は100円だ」

これは、私たちの学習会に通っていた中学3年生の言葉です。私たちの学習会は、ボランティアの集まりやすさや、会場を無料でお借りする関係で、土曜日や日曜日に行う教室が多数あります。中学3年生は、高校受験の勉強を、週1回の指導日に一日かけて勉強しますので当然昼食が必要です。お母さんは土日も働いていらっしゃる方も多いので、お弁当を持参してくる生徒は多くありません。たいていの子は、それなりのお金をもって、コンビニなどでおにぎりやパン、お弁当などを買って食べます。が、この日、この生徒はお昼の予算が100円しかなかったのです。そしてそれは、彼にとっては、それほど珍しいことでも、特別恥ずかしいことでもなかったのでしょう、皆に聞こえる声で発表したのです。

「おぅ、それは大変だね」

と、答えたものの、いまどき100円ではおにぎり一つ買えません。どうするのだろうと見ていると、彼はコンビニで、10円、20円の駄菓子を予算の範囲内で買って、それを食べてお昼はおしまいです。当然午後の勉強に集中できるわけがありません。

私が無料学習会をはじめる前は、低所得のご家庭の問題は、「塾代が高くて塾にいけない」という教育費の不足だ

学習会の様子

と考えていました。しかし、実際にはじめてみると、不足しているのは教育費だけにとどまらず、生活全般に不都合が生じていました。

とにかく、お腹が空いていては勉強どころではありません。フードバンク[*1]事業を行っている団体に協力を仰ぎ、まずは学習会のおやつを出すところからはじめました。おやつを出すと、また新たな気づきがありました。おやつといっても特別なものを出すわけではありません。スーパーの特売に出るような、どこにでもあるようなお菓子を子どもたちがとても喜んでくれたのです。少ない食費は、当然主食であるお米やおかずを優先するので、お菓子を買う余裕がないのです。コマーシャルで良く目にするお菓子を食べるのが、実は初めてという子もいました。

おやつに続いて、学習会に通うご家庭に希望をとり、年に数回ですが、お米や調味料、缶詰やレトルトカレー、お菓子などをフードバンク団体に宅配便で送ってもらいました。これは非常に好評で、お母さんからもとても喜ばれました。「勉強がわからないなら、勉強を教えてあげればよい」と気軽にはじめた活動ですが、日本の子どもの貧困の実態は、もっと根深い大変な社会課題だったのです。

お金がかかるなら行かない

塾に通えないのなら、自分で参考書や問題集を買って勉強すればいい、親が勉強を教えてあげればいい、そう思う方も多いでしょう。

「なんでも無料だと思うと依存が強くなるから、1回500円とか低額でいいからお金をとったほうがいい」

という意見もあります。しかし、子どもたちの現状は想像よりはるかに厳しいのです。最新の日本の貧困ラインは年間の所得が、2人家族で173万円、3人で211万円、4人で244万円、これ未満の所得で暮らす方々を「貧困」としています。貧困ラインは平均ではありません。貧困層ではこのラインがトップで、みなさんこれより低い収入でやりくりしているのです。私たちの学習会に通う方々に年収をお伺いすると、

「手取りでは年に150万円ぐらい」

「いろいろ引かれてしまうので、残るのは月10万円ぐらい」

というような方が多いです。これに、児童扶養手当[*2]などを加えて、なんとかやりくりされていらっしゃいます（図1－1）。ちなみに、母子家庭でも養育費を受け取っているご家庭はそれほど多くありません。日本では養育費をしっかりと受け取っているのは2割以下です。

＊1　包装の傷みなどで、品質に問題がないにもかかわらず市場で流通できなくなった食品を、企業から寄附を受け生活困窮者などに配給する活動。

＊2　父母が離婚するなどして父または母の一方からしか養育を受けられないひとり親家庭などの児童のために、地方自治体から支給される手当。

離婚前に苦労をして養育費の取り決めをしても、日本では強制的に徴収する仕組みがありません。これもひとり親の貧困率を上げている大きな要因です。この収入で、家を借り、食事をし、子どもに教育を受けさせるのは大変です。とくに私たちが広く事業を展開している東京では家賃も生活コストも高いので、本当に苦労されていると思います。

私たちは、学習会に通う子どもたちにいろいろな体験をしてもらおうとイベントを企画していますが、体験をしてもらおうとイベントを企画していますが、

無料の自然体験ツアーを実施

できるだけ自宅から開催地までの交通費を支給するようにしています。イベントが無料でも、そこにくるまでの交通費で断念してしまう子どもたちがいるためです。イベントの内容の前に

「お金かかるなら行かない」

「交通費がかかるならやめておく」

と、シャットアウトするのです。

1回300円、500円という金額でも参加を阻む大きなハードルとなるため、私たちは困窮家庭の子どもたちを対象にした学習会はすべて無料にしています。

母子世帯の母の就労収入

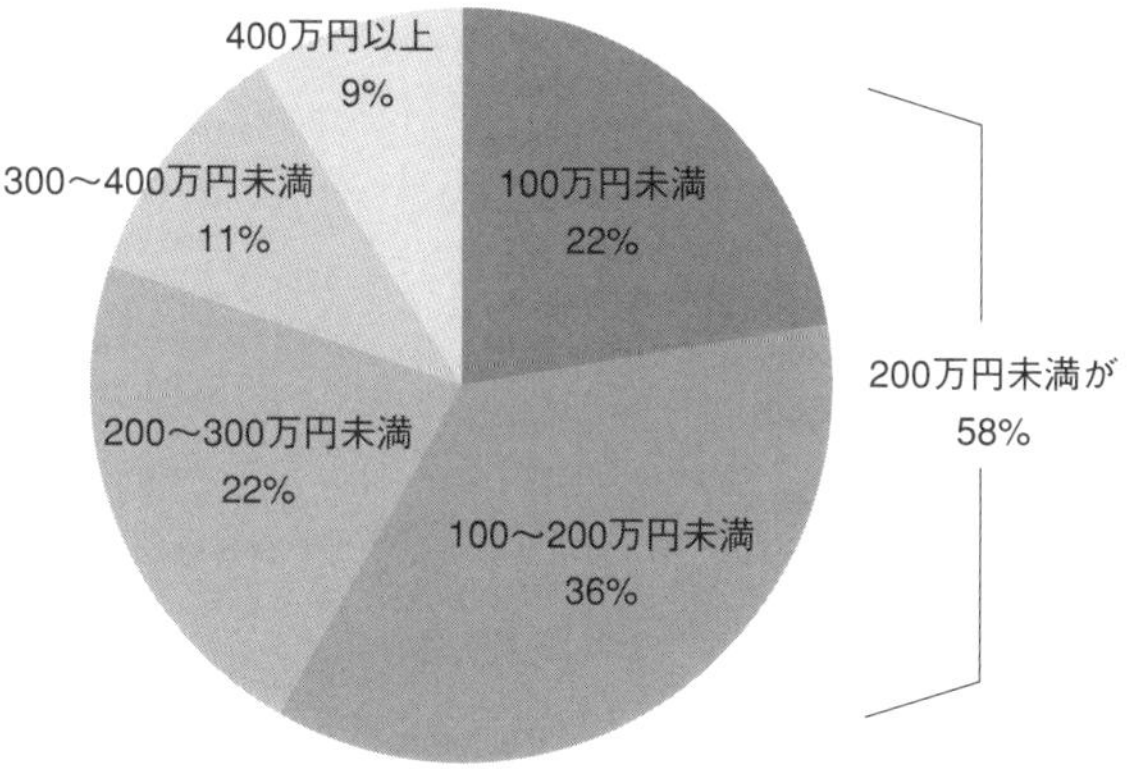

母子世帯の年間収入

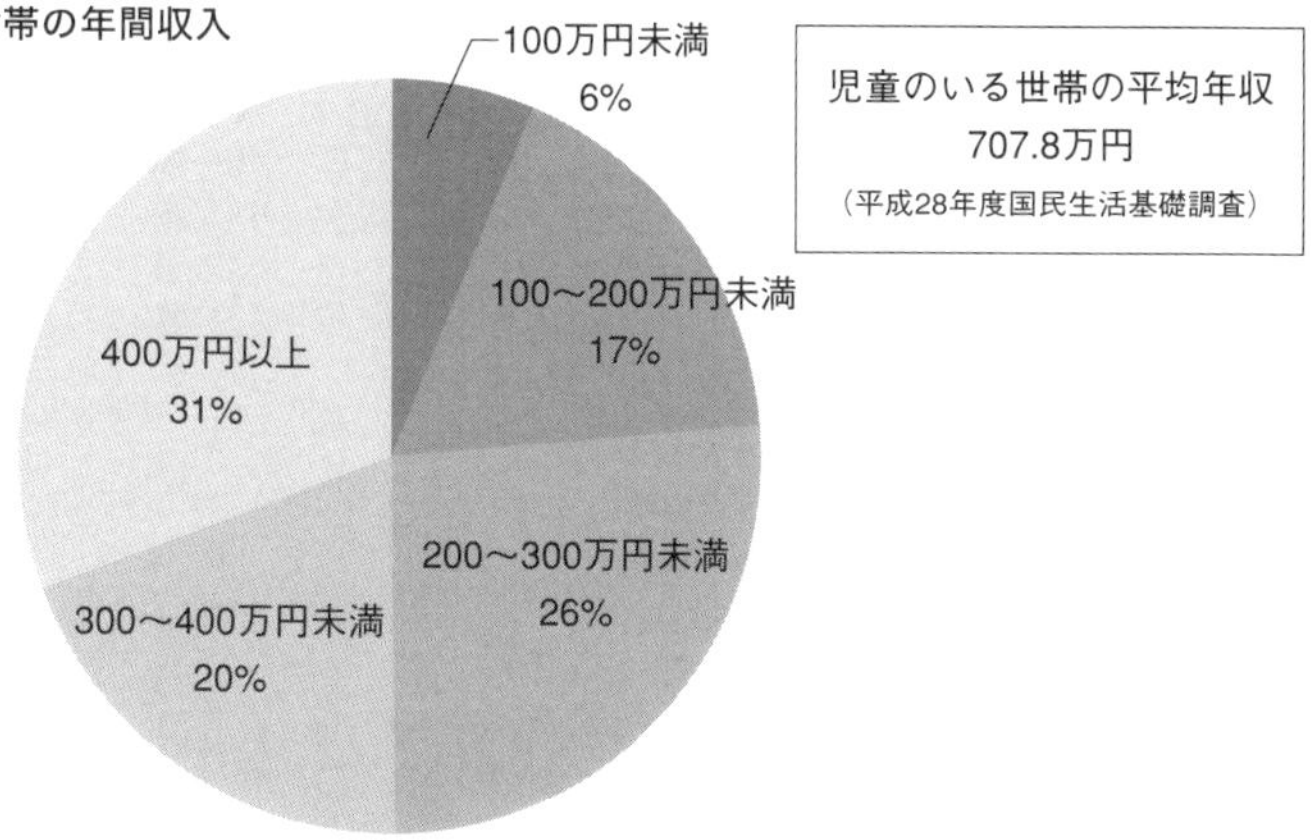

＊年間収入とは就労収入に児童扶養手当や養育費などを加えた全ての収入

平成28年度全国ひとり親世帯等調査

図1-1

学習会で使用する教材も悩みの種です。効率良く勉強してもらうためには、皆同じ教材のほうが良いのですが、1冊1000円程度はかかります。必要なものを全部揃えるとそれなりの金額になってしまいます。高校受験対策などで、どうしても必要な場合には、保護者にご事情をお伺いし、分割でお支払いいただくこともあります。購入せずにボランティアやスタッフが手づくり教材で代替えするような場合も多いのです。

ある年の1月4日、高校受験のための無料塾［タダゼミ］の冬期講習でのことです。ある生徒が、公立高校を受験するというのにまだ過去問題集を買っていませんでした。事務所にきて、一生懸命コピーをとるのですが、コピー枚数も多くとても時間がかかります。追い込みの時期、その時間がもったいないから、過去問題集を買ったほうがいいとすすめました。

「お年玉もらったでしょう？　これ1冊1000円で、コピーとるよりよっぽど効率的だからこれだけは買ったほうがいいよ。ちょっとお金かかるけど人生で最高の有益な投資だよ」

その子の返事は

「お年玉はもらったけど、もう私立高校の入試代に使っちゃったから残ってないもん」

私はとても驚きました。お年玉で自分の入試の受験料を払わなければならない子どもがいるとは思ってもいなかったのです。

眼鏡なんか買えない

私たちの学習会に通う生徒さんは、高校受験では、ほぼ全員が公立高校志望です。「私立には絶対いけないから」と滑り止めを受けずに公立高校しか受験しない生徒も少なくありません。絶対合格するために、自分の本来のレベルから2ランク、3ランク志望校を下げて受験します。

「試験に慣れる意味でも、いかなくてもいいから私立高校を受験されてはどうですか?」

無料学習会をはじめた最初の年、私はお母さんに電話でご相談しました。

「私立の受験料は2万円ぐらいかかりますよね? 受かっても絶対いかせられないので、そんなお金は出せません」

いくらお金がないと言っても、高校入試は子どもの人生を左右する重要なターニングポイントです。本当ならお母さんだって私立高校を滑り止めで受けさせたいのですが、それが許されないほど経済的に厳しいのだと、私も改めて「貧困」の厳しさを実感しました。

過去問をコピーしていた子はお洒落で、とても明るく、成績は良くないけれど友達思いのどこにでもいる中学3年生です。学校の先生とも相談した結果、結局その子は公立高校入試をやめ、学費の高い私立高校に通うことになりました。奨学金を借りて高校に進学するのです。

「奨学金を借りるから、高校を出たら、毎月7000円も返さなきゃいけないんだよ。そんなにたくさん返せるのかなぁ、不安だよぉ」

と、友達に相談している声が聞こえました。

卒業したらすぐアルバイトをするからと、無料のアルバイト情報誌を見ては、「高校生可」のアルバイトの品定めをしていましたが、地方の高校生のアルバイトの時給は本当に低いのです。

「これどうかな？　家から近いし」

と見ていたラーメン屋さんの時給は７００円程度でした。

みなさんにとっては、月７０００円ほどの奨学金を返済するのはそれほど大変とは思えないでしょう。ちょっと贅沢な食事や飲み会１回分という方も多いでしょう。しかし、毎月ギリギリの生活をしている彼ら彼女らにとっては、心理的にとても大きな負担なのです。


私たちの学習会では、生徒の成績を上げるために面談をします。いろいろと話を聞いていくと、思わずため息が出てしまいます。担当のスタッフと一緒に面談シートを確認していると、中学3年生のシートに、

「席がうしろで黒板が読めない。先生に聞いたが、2学期は、もう席替えしなさそうなのでしょうがない」

と書いてありました。私はすぐにスタッフに

「この子は、目が悪いの？　眼鏡買わないと。まず眼鏡」

「そうなんですよ。眼鏡買うように言ったんですが、『お金ないから買えないって』」

「いや、いま、眼鏡5000円でつくれるから。模試受けるより、眼鏡が先だよね。今度、安い眼鏡屋を教えないと」


笑い話のようですが、これが現実です。

「どうして、先生は目の悪い生徒の席の配慮をしてくれないのか？」

とも思います。が、おそらく先生は、

「目が悪いなら眼鏡を買えば良い。他にも目の悪い生徒はたくさんいるからその子にだけ特別な配慮はできない。（それほどお金に困っているようには見えないし）眼鏡を買わないのは家庭の問題だ」

と思われているのでしょう。眼鏡が買えないほど経済的に厳しいとは思っていないのでしょう。しかし、子どもはお母さんがいつもお金に苦労しているのを見ているので
「視力が下がったから眼鏡を買って」

とはなかなか言い出せないのです。


数年前、給食費未払い問題が大きくメディアに取り上げられました。たしかに、払えるのに払わないご家庭もあったでしょう。しかし、払いたくても払えないご家庭も多くあったのです。私は大学でも少し教えているのですが、受講している学生に「これが子どもの貧困

だ」と感じた事例を挙げてもらったことがあります。

「中学生のときに、給食費が払えないからとお弁当をもってきている同級生がいた」

といった学生がいました。

「本当に？」

と思わず聞き返しましたが、給食費を払うのが大変なご家庭もあるのです。給食費は、間違いなく子どもの口に入るお金です。すでにいくつかの自治体では給食費の無償化に踏み切っているところもあるようですが、世界に誇るおいしい給食を誰もが心配せずに食べられるように、給食無償化は率先して進めるべきだと思います。

大学生って本当にいるんだ

これは無料学習会にきた中学3年生の生徒がつぶやいた言葉です。はじめて参加した彼に、「この人たちがこれから勉強を教えてくれるボランティアさんたちだよ」と大学生ボランティアを紹介しました。そのときに、彼が小さな声で
「大学生って本当にいるんだ」
とつぶやいたのです。
おそらく今まで彼のまわりに、大学生や大学にいったことのある人はひとりもいなかったのでしょう。大学というのは、特別な人が行く場所であり、大学生というのはタレントやプ

ロスポーツ選手のように、テレビや雑誌で目にするものだったのです。

両親共に大学を出ていて、兄弟も親戚もみな大学にいくのが普通、大学院への進学や海外留学もそれほど珍しくないような家庭環境に生まれる子どももいれば、そうでない子どももいます。低所得の子どもたちには、とても小さな社会しか見えていないのです。

勉強を嫌がったり面倒くさがったりする中学生に、学ぶ意欲をもってもらおうと

「将来、何になりたいの？」

「夢はある？」

と、私たちは声をかけます。

将来の夢があれば、それを叶える道筋を考えるなかで、勉強の意義を伝えられるからです。

しかし、多くの子どもたちは、将来の夢をもっていません。

「夢なんかない」

「働きたくない」

「大人になりたくない。大人になったら仕事しなきゃいけないんでしょう？　大変そう」

中学生特有の格好つけとも違う、このような発言の背景

身近な大学生ボランティアは、未来の自分のモデル

は彼らがもっている「仕事」のイメージがとてもかたよっているためです。

パートの仕事を二つも三つもかけもちし、疲れきるまで働いて、それでも十分なお金が稼げないお母さんの姿や、努力をしているのにうまくいかない自営業、真面目に働いていたのに景気が悪いからとリストラされるお父さん、そして働く努力をあきらめた親御さん。彼らが知る「働く」は、このような姿なのです。

私たちの学習会で、子どもたちの勉強のモチベーションを上げるためにとても効果があるイベントが「大学見学」です。子どもたちを連れて、ボランティアの大学生が、自分が通う大学を案内します。大学祭のときもあれば、夏休みや普通の土日に行くこともあります。多くの子どもたちにとっては「大学」に初めて足を踏み入れる瞬間です。勉強が嫌いで、成績も悪いので、それまでは「自分が大学にいく」などとは微塵も考えていなかった子どもたちが、実際に大学に触れることで、まったく知らない世界と出合います。広大なキャンパス、いくつもの立派な校舎、いまどきのお洒落な学食、膨大な蔵書をもつ図書館、そして楽しそうに歩く大学生たち。

「もしかして、自分も勉強を頑張れば、大学にいけるのかも」

自分の知らない世界に触れ、そしてその扉を開ける鍵が「勉強」なのだと理解すると、子どもたちは自分から勉強しはじめます。

企業と協力して、立派なオフィスに招いていただき、社内見学や、英語やキャリア教育のワークショップをするイベントも子どもたちに大きな変化をもたらします。そのオフィスの立派さに驚くのです。テレビドラマでしか見たことがないきれいな会社で働くオフィスワーカーが実在するのを見ると、

「本当に、こんなところで働く人もいるのだ」

「会社の仕事って、何か楽しそう」

と初めて気づきます。

「勉強をして、大学にいけば、こういうところで働けるかもしれない」と、自分の将来の可能性に自分自身が初めて気づくのです。

あんなにワークショップにくるのを嫌がっていた子どもが

「この会社に入るには、どうすればいいんですか？」

最後には、そんな質問をするようになります。初めて「将来の夢」ができる瞬間です。

環境の差は乗り越えられます。極貧のなかから、あるいは児童養護施設の出身者で成功している方もたくさんいらっしゃいます。企業のトップや政治家には、実は母子家庭で育った方も少なくありません。

大事なのは、乗り越える壁の先にある世界を見せ、そして「あなたもそこにいけるチャンスがある」と教えてあげることなのです。

この子がここにいるのが奇跡みたいなもんだから

児童養護施設という、何らかの理由で保護者と暮らせない子どもたちが暮らしている施設は多くの方がご存じでしょう。

私たちは、企業の支援を受けて、児童養護施設に大学生のボランティアを連れていき、小中学生に定期的な学習会を行っていました。施設にいる子どもたちにも勉強が苦手な子がたくさんいました。少しでも勉強を好きになってもらおうとボランティアがあれこれ創意工夫を凝らして学習会を行うのですが、手こずってしまう場面も多々ありました。学習会に来ない、来ても勉強しない、学習会の会場から逃げ出す、一言も話さないなどなど。ある施設の学習会が終わった後のミーティングで、なかなか勉強に向かえない子どもについてどうしようと話していると、施設の職員の方が

「まぁ、この子は、いま、生きてここにいる事が奇跡みたいなもんだからね。勉強は、もうちょっと先でもいいのかもしれないね」

とおっしゃいました。それ以上くわしくはおっしゃりませんでしたが、その子が施設に入る前に、どれほど過酷な生活をしていたのか、どうして素直に勉強に向かえないのか、が十分に想像できました。

児童養護施設というと、両親が亡くなった子どもが暮らすところと思っている方も多いでしょうが、親が亡くなったために児童養護施設に入る子どもは今ではほんの数パーセントし

かいません。現在、もっとも多い入所理由は虐待で、およそ三分の一の子どもは虐待で入ります。虐待が直接の理由ではないとしても、施設に入る子どもの半数以上は虐待を受けています。いまや児童養護施設は虐待を受けた子どもの受皿と言っても過言ではありません。

虐待には、身体的虐待、心理的虐待、性的虐待などの種類がありますが児童養護施設の子どもたちが一番受けているのはネグレクトで、虐待経験のある子どもの7割以上がネグレクトを受けています。ネグレクトとは育児放棄とも言われ、何日も食事を与えられなかったり、身のまわりの世話をしてもらえず、長時間子どもだけで放置されていたりする虐待です。大阪で幼い姉と弟がマンションに置き去りにされ餓死した事件を覚えておられる方も多いでしょう。

虐待と子どもの貧困、一見結びつきづらい二者のあいだには強い関連があります。[*3] 虐待家庭の多くは、経済的困窮状況にあります。不幸にも子どもが亡くなってしまったような虐待事件で、テレビのニュースに映るのは、少し古びたアパートで、物干竿にはよれた洗濯物が放置されていたり、三輪車が横になっていたりというような荒れた暮らしが垣間見える家の様子です。年齢から推察すると10代で出産している若い母親と、実の父親ではなくボーイフ

＊3　厚生労働省「児童養護施設入所児童等調査結果」（平成25年2月）
http://www.mhlw.go.jp/file/04-Houdouhappyou-11905000-Koyoukintoujidoukateikyoku-Kateifukushika/0000071184.pdf

レンドや内縁の夫などがパートナーでというような家族像です。母親は夜の仕事についており、男性も無職だったり不安定な職で、しばしば男性が乳児や幼児に暴力をふるって殺したり、また子どもに食事も与えずに死にいたらしめたり。不幸にも子どもが亡くなってしまったために、大きな事件として取り上げられますが、実は、亡くなる一歩手前で、同じような虐待を受けている子どもたちは数多くいるのです。

児童虐待[*4]は、爆発的に増加しています。児童虐待の認知が高くなり通報件数が増えたためと言われていますが、それだけではなく、子どもをもつ世代の雇用が不安定になり、経済的困窮に陥っている親が増えていることを見逃してはいけません。

児童相談所や児童養護施設に保護される子どもの背景には虐待があり、虐待の背景には貧困があります。児童養護施設も虐待も、子どもの貧困の解決なくしては改善しないのです。

これって現実かな

みなさんは母子生活支援施設をご存じですか。児童養護施設と同じような福祉施設です。18歳未満の子どもを養育している母子家庭で、さまざまな理由で自立した生活を送るのがむずかしいご家族が入所する施設です。昔は母子寮と言われていました。そして、母子生活支援施設のもう一つの重要な機能が、ドメスティック・バイオレンス（DV）被害者の一時保護と自立支援です。

私たちは、２０１１年から母子生活支援施設に出向いての学習支援を継続して行っています。と言っても出向いている施設数も少なく、その回数も月1~2回程度とけっして多くはありません。「うちでもやって欲しい」という施設からの要望は多いのですが、ご要望にお応えするのが大変むずかしいのです。非常に繊細な親と子を相手にするためには、十分なスキルと経験をもったスタッフと、信頼できるボランティアが必要です。一方、母子生活支援施設はマイナーな存在で、支援できる子どもの人数は児童養護施設に比べると少ないため、企業からの寄付などはどうしても児童養護施設に集まりがちです。ほとんどの母子生活支援施設は経営に余裕はなく学習支援にかかる費用を負担できません。支援のご要望をいただいても泣く泣くお断りしている現状です。

ある母子生活支援施設で、最近入所した小学2年生のお兄ちゃんと4歳ぐらいの弟さんが学習会にきてくれることになりました。ちょうど12月でクリスマスも近かったので、その日は勉強ではなくクリスマス会を開くことにしました。

クリスマス会といっても、子どもたちとスタッフやボランティア数名の小規模なものです。どこにでも売っている普通のクリスマスケーキと、お菓子や飲み物を買い、針金ハンガーを

＊4　平成27年度 児童相談所での児童虐待相談対応件数〈速報値〉
http://www.mhlw.go.jp/file/04-Houdouhappyou-11901000-Koyoukintoujidoukateikyoku-Soumuka/0000132366.pdf

使って簡単なクリスマスリースをつくる工作をしました。みんなで工作をして、クリスマスソングを歌い、ケーキを食べる。そんな質素なクリスマス会です。クリスマス会が盛り上がっている最中に、お兄ちゃんが急にお部屋の壁ぎわに走り寄りました。気になったスタッフが近づいていくと、壁に向かって、

「これって現実なのかぁ」

とつぶやいていたそうです。

そのご家庭は、DVの被害を受けており、地方から転々としてようやくその施設にたどり着いたそうです。

「あんまりにもクリスマス会が楽しすぎて、夢じゃないかって思ったんでしょうね」

とそのスタッフは私に知らせてくれました。

普通の家庭で育っていれば、自分のお誕生日や家族の記念日に何度も繰り返されている光景が、小学2年生の子にとっては、生まれて初めての体験だったのです。その兄弟がどれほど過酷な人生を送ってきたのかを考えると、本当に胸が痛みます。

白血病で入院しているんです

母子家庭に対して、「国からたくさん手当をもらって、仕事をしないで子育てをしている」という、誤った認識の方が大変多いと感じます。日本では、母子家庭や父子家庭のよう

なひとり親がもらっている手当は非常に少なく、ほとんどのひとり親は働いています。日本の母子家庭の就業率は80％を超え、主要国のトップです。働いているのに貧困率が高いという「ワーキングプア」の状況です（図1－2）。

これは日本独特の女性の労働慣習のためです。日本では長らく、子どもを産む時に女性は仕事をやめ、数年間子育てに専念してから復職する、いわゆるM字型の働き方をしてきました。そして仕事に戻るときには、正社員ではなくパートなどの非正規雇用になる方が多いのです。たとえ離婚などで自分が主生計を立てなければならない場合でも、正社員になるのはむずかしい。さらに、養育費を受け取っている母子家庭は2割を切っています。

正社員の仕事が見つからなければ、生活のためにすぐにできるパートの仕事をはじめます。パートの時給は安いので、稼ぐためには長時間働かなくてはなりません。私たちの学習会を利用しているご家庭のお母さんの多くは、一つの仕事では足りないので、ダブルワーク、トリプルワークで仕事をかけもちしています。母子家庭のお母さんの働き方はたとえばこのような感じです。

朝、子どもを学校に送り出して、スーパーや事務など最初の仕事に行きます。そこで夕方まで働いて、急いで戻ってきて夕食の支度や家事をやり、子どもにご飯を食べさせると、今度は二つ目の仕事にいきます。居酒屋やコンビニ、24時間スーパーなどです。それでも足りなければ、休日には別の仕事を入れたり、新聞配達を増やしたりするのです。しかし、時給が安いので働いても働いても、収入はそれほど増えません。

母子家庭で、お母さんが働かずに生活保護などを受けているご家庭もたしかにあります。しかしそこには、働きたくても十分に働けないさまざまなご事情があるのです。たとえば、障害のあるお子さんがいたり、両親の介護があったり、さらに自分の体調が悪かったりと本当に大変です。

2010年に初めて東京の新宿で、中学3年生向けの無料高校受験講座「タダゼミ」を開講すると、新聞、雑誌が取材にきてくださり、それを見たご家庭から「うちも受講したい」というお問合わせがたくさんありました。困っているご家庭を幅広く受け入れるため、厳格な所得制限などは設けていませんでしたが、限られた定員なので、裕福なご家庭のお子さんにはご遠慮いただかなければなりません。そのために、お申し込みの際に、私たちが電話などで、家庭のご事情を伺います。

「大変申し訳ないのですが、経済的に厳しいご家庭のお子さんのための学習会ですので、受講したい理由をお伺いしていいですか？　たとえば、母子家庭とか、不景気で商売が厳しいとか、リストラされたとか、そんな方が多いのですが」

私が電話で対応したそのお母さんはとても上品なしっかりした感じで、お電話だけでも、生活が荒れている様子などは感じられない教養のある話し方でした。

「うちも母子家庭なんですが、実は、いま私が白血病で入院していまして。病院からかけ

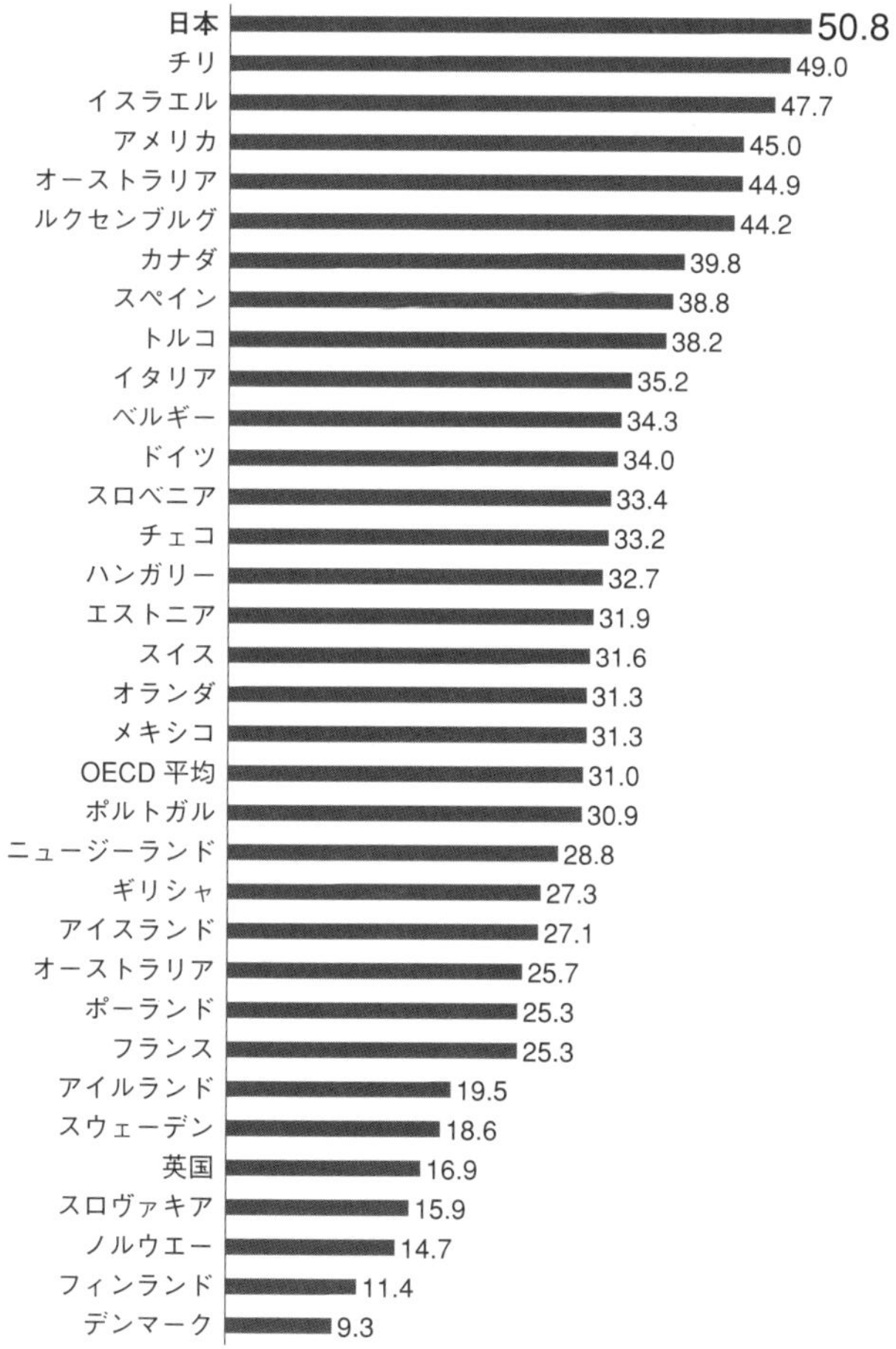

図1-2　ひとり親家庭の相対的貧困率

OECD (2014) Family datebase'Child poverty'
http://www8.cao.go.jp/youth/whitepaper/h26honpen/b1_03_03.html

ているんです。息子が中学3年で、受験なんですが塾にいかせてやることができないので心配なんです」

とお話ししてくださいました。あまりの事に私は動揺してしまい、

「そういうご事情でしたらぜひ通ってください。高校受験頑張りましょう」

とお答えするのがやっとでした。お申し込みのご住所は、母子生活支援施設です。子どものために働いて働いて、働き詰めて体を壊されたのでしょう。そんなご家庭は本当に多いのです。

風邪で亡くなったお母さん

こんなこともありました。私たちは東日本大震災の後、宮城県で被災した子どもたちの支援を行っています。沿岸部の南三陸町の支援と共に、仙台市でも２０１１年から無料学習会を継続しています。津波などの直接的な被害を受けなくても、震災により仕事を失ったり収入が減少した方は多くいました。そしてそのような時に真っ先に影響を受けるのは、ひとり親家庭や低所得家庭などの、震災前から生活の基盤が弱かった方々です。

震災直後に熱心に私たちの無料学習会に二人のお子さんを通わせてくださったお母さんがいらっしゃいました。母子家庭で、お母さんは事務の仕事をされていたのですが、勤め先の被害が大きく、当分再開しないので、別の仕事を探していらっしゃいました。子どもにはと

にかくいい教育を受けさせたいという姿勢が印象的でした。

２０１５年、たまたま私が仙台の事務所にいるときに、一本の電話がかかりました。

「震災後にそちらの学習会でお世話になっていた○○ですが、今春、おかげさまで××大学に受かりました。あのときは大変お世話になりました」

と、嬉しいお電話でした。

「素晴らしい大学じゃないですか。お母さん、がんばりましたね。すごいですね。これで一安心ですね」

と私がお祝いを伝えると、受話器の向こうで、しばしの間がありました。

「私は、母親ではないんです。伯母です。あの子たちの母親、私の妹は、昨年亡くなりました」

思いもかけない言葉に私は絶句しました。お母さんのお顔が浮かんできました。まだまだお若い、私とほぼ同年代です。混乱しながら、なんで亡くなられたのか、ご事情を伺いました。

「風邪で亡くなったんです。本当にかわいそうでした。子どもたちのために働いて、働いて。震災後、県内ではいい仕事がなかったので、親戚を頼り関東地方に行って仕事を転々として、最後はまた事務をしていたんです。家から車で片道1時間半もかかるので、遠くて大変だとよく言っていました。来年は近いところに変われるかもしれないからと。その日も、体調が本当に悪かったんですが、どうしても行かなければならない仕事があるからと、無理をして勤め先に行って、なんとか仕事をして帰ってきたんですが、家でどうしようもなくなって、救急車で運ばれて、そのまま入院をして亡くなりました。子どものために働いて働いて働き詰めの一生でした。本当にかわいそうでした」

お姉様の声は、優しく丁寧でしたが、そこには妹さんを失った無念と行き場のない怒りがあふれていました。お話を電話で聞きながら、私もまた怒りで体が熱くなりました。なんでこんなにいいお母さんが、なんの悪い事もしていないのに、ただただ子どものためにがんばってきたのに、風邪で亡くならなければならないのでしょうか。

子どもが多くてすいません

私のパソコンに、ある日1通のメールが届きました。

——私は中学3年で、塾にいきたいのですが、うちは兄弟が多いので塾にいけません。インターネットで探したところ、こちらを見つけたのですが私は通えますか？

無料の学習会をはじめて2年目のことです。生徒本人からの申し込みというのはこれがはじめてでした。連絡先の電話もメールアドレスもありません。なんとか無事に届いてくれることを願いながら

——私たちは、あなたのような生徒さんのための塾です。ただ、いまは東京の杉並区でし

かやっていないのでそこまで通うことはできますか？　もし大丈夫なら、保護者に相談してぜひ参加してください。

ほどなく、保護者からメールが届きました。

――先日、子どもの○○が問い合わせをした母です。

恥ずかしながら、貧乏子だくさんで5人の子がおります。夫婦二人で一生懸命働いてもなかなか充分な収入が得られません。○○は一番上で、友達がみんな塾にいくから、自分もいきたいと言われていました。できることなら、私たちも塾にいかせてやりたいのですが、下の子もいるのでどうしても塾にいかせることはできません。

「塾にいかせて欲しい」

「塾になんかいかなくても、きちんと自分で勉強すれば受験はできる」

と毎晩親子喧嘩をしていました。

今回、こちらの無料塾のことを子どもから聞き、本当に涙が流れました。兄弟が多いばかりに、子どもたちに十分にしてやれずいつも申し訳なく思っているのですが、ちゃんと私たちのような家族のことを考えてくださる方がいらっしゃるということが、何よりありがたいです。ぜひ、通わせていただきたいのでよろしくお願いいたします――

――「きょうだいが多くて申し訳ない」

おかしな話ではないでしょうか？　日本の最大の課題は少子化です。すでに人口縮小のサイクルに入っており、このまま少子化が改善されなければ、国の形を維持できません。そんな日本で、将来の担い手となる子どもをたくさん産み育てている家庭が一番賞賛されるべきなのに、現実では兄弟が多いご家庭はどうやっても経済的に苦しくなってしまうのです。これを「好きで産んだんだからしょうがない」ですませていては、日本の少子化が解消されるはずがありません。

一番大切にされるべき子どもの多いご家庭が、経済的にも苦境に立たされ、さらに「貧乏子だくさん」などと尊厳までも傷つけられる国で子どもをたくさん産もうと思うはずがありません。口先だけで「子どもは社会の宝」といくら言っても、そこに制度や現実的な支援がついてこなければまったく意味はありません。

お金がないならしょうがないのでしょうか？

私たちの学習会に来る子どもたちでも、中学生くらいになれば、スマホ（スマートフォン）をもっている子どもは少なくありません。高校生になれば、ほとんどの生徒がスマホか携帯電話をもっています。中学生の所有率は７６・２％、高校生では９７・６％だそうです。

いまやスマホは必需品なのです。高齢者のなかには、

「あんなに高いものをもっているのなら、あれをもつのをやめて食費に回すとか参考書を買ったりすればいいではないか？」

とおっしゃる方もいます。しかし、いまの時代、スマホがもてなければ、普通の高校生活は送りづらいのです。部活の連絡や友達との話は、すべてＬＩＮＥで回ってきます。学校からの緊急のお知らせもメールの一括送信です。スマホがなければ部活や学校生活が円滑に送れない時代になりつつあります。だから少ない食費を削って、スマホをもつのです。日本国中が貧しくて、食うや食わずの時代を体験している方々にとっては、いまの日本の子どもの貧困は「貧困」と認めづらいかもしれません。しかし、歯を食いしばって頑張れというだけでは問題は何も解決しません。

私が、しばしば戸惑うのは

「お金がないんだから、○○ができなくてしょうがない」

という主張です。

「塾にいけなくてもしょうがない」

「夏休み、旅行にいけなくてもしょうがない」

「給食費が払えないなら、給食が食べられなくてもしょうがない」

「お金が払えないなら、修学旅行にいけなくてもしょうがない」

「お金がなくて、私立高校にいけないのなら、定時制高校にいくしかない」

「お金がないなら、大学進学はあきらめるしかない」

本当にしょうがないのでしょうか？

私がキッズドアをはじめた活動の原点は、1年間のイギリスでの子育て経験です。2001年8月から2002年9月までのあいだで、トニー・ブレア首相が教育に力を入れていた時期でした。長男がちょうど小学校に入る時期であり、現地の公立小学校に1年間通いました。

いろいろと驚くことはありましたが、私が一番驚いたのは、イギリスでは子育てにほとんどお金がかからないことでした。東京に住んでいた頃は、幼稚園の月謝はもちろん、いやがる息子をスイミング教室に入れたり、イギリスに行く前は英語を習わせたりしました。当時大人気の幼児向け通信教材をとり、流行のおもちゃを買い与えました。まわりがそうしていたので、それが当然だと思っていたのです。

日本では小学校に上がる際には、何万円もするランドセルを買い、入学式用の洋服を親子で買いそろえ、文房具をそろえ、指定の体操服や上履きを学校指定の店で買わなければなりません。10万円ぐらいはあっという間になくなってしまいます。

イギリスではどれだけかかるのか？　と覚悟しながら小学校に説明を聞きに行くと、

「当校は制服ですが、白いポロシャツに紺やグレーのトレーナー、グレーのズボンです。家にあるもので十分です。多少色が違おうがかまいません。もし、なければスーパーなどで購入してください」

万事こういう調子で、スクールバックも派手な色でなければOK、何万円もするようなランドセルを買う必要はありませんでした。

一番驚いたのは、イギリスの小学校に通っていた1年間、学校から「集金」されたことがありませんでした。正確には1度だけ、「遠足だけはどうしてもクラスみんなでバスで行きたいので、2ポンド（当時でも400円ぐらい）だけ集金させてほしい」と、とても申し訳なさそうに言われました。それ以外、いっさい学校から一律に集金されませんでした。日本の学校なら当然のように集められる、教材費や写真代などが一切なかったのです。さらに、日本では、学校で使うノートや鉛筆は家庭で用意しなければなりませんが、イギリスではすべて学校で用意するから不要だというのです。小学1年生の息子は、毎日スクールバックに、学校から支給された連絡ノートとお弁当だけをいれて通いました。あまりのお金のかからなさに、

「私たちの英語力が低すぎて、聞き間違いをしているのではないか？」

と夫婦で疑ったほどです。

イギリスの小学校では、各家庭に一律の負担を要求しないかわりに、学校の資金集めのためのバザーやハロウィンパーティなどのイベントは頻繁に開かれました。また学期の初めには、学校から文房具などの物品の寄付の依頼もありました。家から不要になった色鉛筆やクレヨン、ハサミなどの文房具や、工作材料になる布や毛糸などをもっていくのです。どんな家庭環境の子でもなんの心配もなく学校に通えるように、学校でかかる費用いっさいを「家

庭」に負担は求めない、ということが貫かれていたのです。ちなみに給食は、給食かお弁当持参かが選べ、一定の所得以下のご家庭には給食費免除の仕組みもあるようでした。また小学1年生は、それほど食べないので、お弁当の子も多いですし、お弁当もとても質素で、日本のキャラ弁のように、お母さんの負担を強いるものではありませんでした。

日本では義務教育といいながら、実は無料なのは、「校舎と、教科書を使って先生に教えてもらう」という一部分でしかありません。漢字や算数のドリル、教科ごとのワークブック、理科や図工で使うさまざまな教材セット、指定された制服、体育の授業で必要な体操服やスクール水着、音楽では鍵盤ハーモニカやリコーダー、こういうものは、親の経済力に関わらず各家庭で揃えなければなりません。払えないご家庭への配慮はほとんどありません。収入が低いご家庭には、就学援助という制度がありますが、それだけでは学校に通うのに必要なお金はまかないきれません。

お金がかかれば部活はできない

実は自分の家も経済的に厳しかったという大学生などから集金が遅れてしまったときに、クラスメートの前でお手紙を渡されるのが本当に嫌だったという話を聞きます。

「お金がないんだから、恥ずかしい思いをしてもしょうがない。恥をかきたくないなら、集金を忘れなければいい」と。

子どもたちはそれを「見せしめ」と、とらえています。

先生たちも非常にお忙しいなか、集金は大きな手間です。だったら、そんな手間がなくなるように、集金しなくていい仕組みに変えられないでしょうか？

「2、3000円のお金くらい、子どものためならなんとでもなるはずだ」

と思っていらっしゃる方も多いでしょう。私もNPOをはじめる前はそう思っていました。

しかし、払いたいけれど払えないご家庭があるのです。

私たちの学習会に通う中学生は、部活で野球やサッカーをやっている生徒はとても少ないです。陸上部が人気で卓球部も多いです。あとは文化部や部活に入らない生徒です。道具にお金がかかる部活をやっている生徒は少ないのです。

「勉強が苦手でも、野球でもサッカーでも、自分の得意なことを生かして道を切り開けばいい」

という方がいらっしゃいますが、何をするのにもお金がかかる現状では、

「お金がないのならしょうがない」と周囲が考えれば、そこで子どもの将来の可能性はとだえるのです。

高校受験の勉強を教えていたボランティアが、生徒のモチベーションを高めるために
「高校に入ったら、どんな部活に入りたい？」

と聞いたら、

「たぶん、部活は入らないと思う。お金かかるし、アルバイトもしなくちゃならないから」

と言われて、自分とのあまりの境遇の違いにショックを受けたと教えてくれました。動揺を隠しながら

「それじゃ、受験が終わったら、何かやりたいことないの?」

と聞くと

「お菓子をつくってみたい。うちはお母さん忙しいから、一緒につくるとかできないし。お菓子って、つくれるんでしょう?」

と答えてくれたそうです。

昨今、バレンタインデーに、女子は手づくりお菓子を家でつくってクラス中に配るような風潮があります。しかし、それができない環境の子どももいるのです。学校という場で、どんな境遇の子も劣等感を感じずに学ぶ環境をつくれるかどうか、それは、私たちの考えかたひとつなのかもしれません。

「お金がないのなら、できなくてしょうがない」

ではなく、

「お金の心配をしないでも、子どもが安心して成長できる社会」

は実現できます。すでに多くの国は実現しています。日本で実現できないのは、政治や制度のせいではなく、実は一人ひとりの心に根づく「お金がないのなら、しょうがない」と他

人の子どもを見捨てる意識ではないでしょうか?

子どもがたくさんいた時代にはそういう考えが必要だったのかもしれませんが、これだけ子どもが減っているなかでは、社会全体ですべての子どもの成長をささえる必要があります。すでに、日本全体で見ても「働く仲間」という部員が揃わないという話を聞きます。野球チームをつくりたくても、部員が揃わない時代になっています。

あなたのすぐそばに困っている子どもたちはいる

私たちの無料学習会に通ってくれている、とてもしっかりとした母子家庭のお子さんがいます。細身ですっきりとしたいまどきの女の子で、彼氏もいるそうです。洋服もお洒落で、無事に高校に合格しスマホを買ってもらったと見せてくれました。彼女が貧困だと言っても、誰も信じないでしょう。私も、うちの学習会に通ってくれているなかでは、彼女の家はそれほど大変なお家ではないと思っていました。お母さんともお話ししたことがありますが、お洒落でしっかりとされた素敵な方です。
うちの学習会は「塾にいけない中学3年生のための無料高校受験対策講座「タダゼミ」」というネーミングなので、彼女は当然、自分の家庭が経済的にちょっと苦しいということは知っています。少し話す機会があったので
「いつ頃から、うちはちょっと経済的に厳しいな、と思った?」

と聞いて見ました。

「小学校の高学年ぐらいかな。友達のうちは、結構外食とか行くんだなぁと思って。あれっ？　て。あと、月の後半になると、やたらもやしの出現率が高くなったり。中学になって、みんな塾にいくのに自分はいかせてもらえなかったり」

彼女には小学生の弟がいます。お母さんが、二人のお子さんを育てていらっしゃる、私たちの学習会に通うご家庭の標準的な家族構成です。ご連絡をとろうと思って、夕方や夜にお電話を入れても、なかなかつながりません。夜11時を過ぎた頃に折り返しのお電話をいただいたりして、かえってこちらが恐縮してしまいます。遅くまでお仕事されているのでしょう。

この方が特別なのではなく、私たちの学習会に通うお母さんたちは、本当にお忙しいのです。連絡がつくのは、お昼休みの時間か夜遅くで、夜9時頃に電話をかけても家には子どもだけというご家庭も少なくありません。もちろん、好きでそうしているわけではありません。皆さん、夜遅く子どもだけを家に残しておくのはとても心配です。しかし、生活のためには働かなければならないのです。本当にご飯が食べさせられないのです。給食費や教材費が支払えなくなるのです。

忘れ物や宿題が多い小学生は、実はお母さんが仕事で忙しくて一緒に時間割を揃えたりできないのかもしれません。穴の空いた上履きを履いている子をみて、私も以前は

「お母さん、気がついてないのかしら。ちゃんと買ってあげればいいのに」

と思っていました。しかし、もしかしたら、上履きが小さくなってもすぐには買えないのかもしれませんし、親を困らせたくなくて、穴の空いた上履きを家にもち帰っていないのかもしれません。

「自分の周りには、貧困な子どもなんていない」

もし、あなたがそう思っていたら少し意識を変えて見てみてください。

私にはこんな体験があります。

その日は夜遅くなるので、夕飯をつくっておこうと、朝6時すぎに近所の24時間スーパーにいきました。レジに立つ若いお兄さんが朝から
「いらっしゃいませ。ありがとうございました」

と爽やかな声で働いています。

――長髪だけど感じがいい若者だな、朝早くから働いていてえらいぞ。

などと思いながら私もレジにいって、よくそのお兄さんを見ると、エプロンの下はどう見ても高校の制服です。

――朝、ひと仕事してから、学校にいく。

という事実に気がついて、私はなんとも複雑な気分になりました。早朝からレジを打ってから学校にいく高校生もいるのです。髪はサラサラのロングヘアで、お洒落かもしれないし

散髪代を節約しているのかもしれません。でも、きっと学校の先生からの覚えはめでたくはないでしょう。24時間スーパーで、何時から働いているのか知りようもありませんが、学校で勉強に身が入るかどうか。でも先生はそんなことは知らないでしょうから、授業中寝ていたら、ダメな生徒だと思われるでしょう。

でも、彼はダメな生徒なのでしょうか？

子どもの貧困が見えづらいからと、見ないふりをしていても何も解決はしません。気がついた私たちが、いまこそ行動を起こしましょう。

第2章 ―― 教育格差の実態

教育格差の実態

私たちが接している子どもたちは、残念ながら学力が低い傾向にあります。中学3年生で九九がすらすらと言えない、アルファベットが定着していない、一桁の足し算でつっかえる、分数の計算ができない、というような子は珍しくありません。家ではほとんど勉強していない子も多くいます。中学3年の夏休みを過ぎても、家庭での学習時間は平日も休日もゼロ時間というような状況です。中学校の定期試験の勉強をまったくせずにテストを受ける子も珍しくありません。

生徒の学力状況を把握するために定期テストの結果などはできるだけ持参してもらいます。5教科分の答案を見ながら、

「これ、100点満点のテストだよね?」

と確認しなければならないような、5教科すべて一桁の点数だった生徒さんもいます。ある年の学習会で中学3年生に、10月ごろ模試を受けてもらったところ、結果を見て、学習会担当のスタッフが叫びました。

「渡辺さん、20人受けて、最高が偏差値39です。やばいです」

模試で0点を取ったり、偏差値25があったり。

内申点を確認するために、通知表をもってきてもらったところ、学生のボランティアが感心したようにつぶやきました。

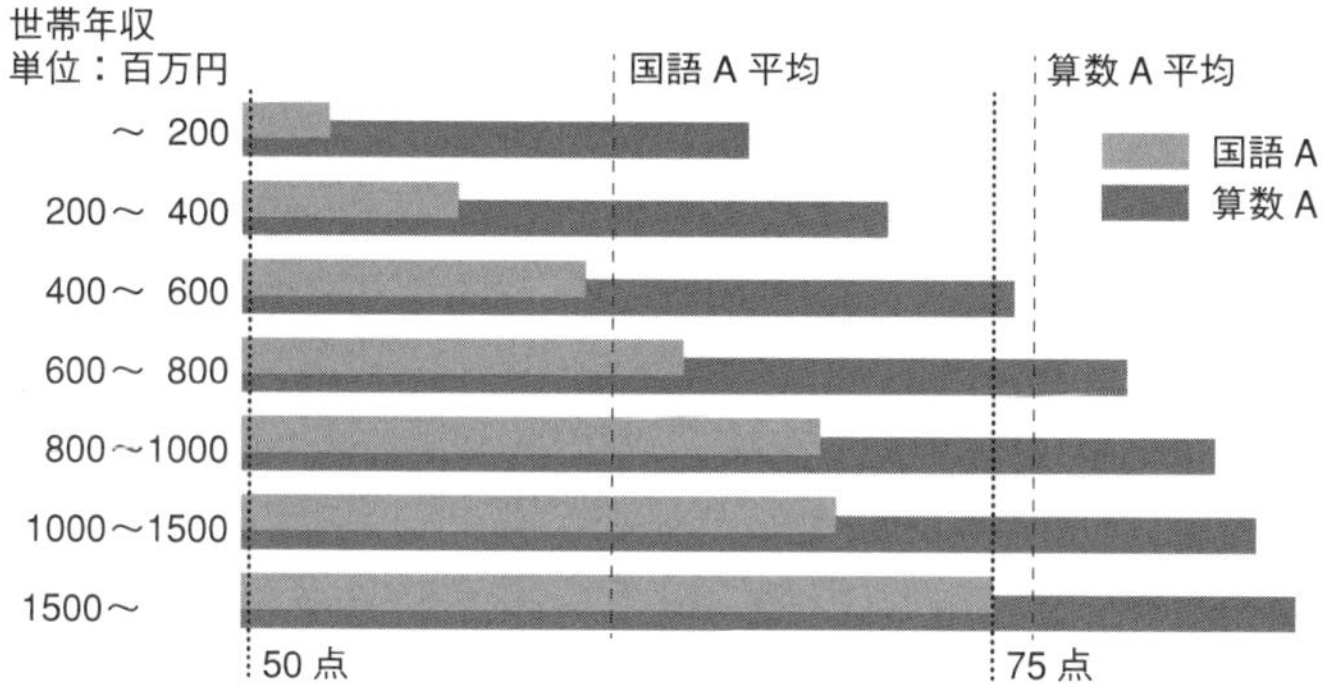

図2-1　教育格差の実態（世帯年収と子どもの学力—小学6年生）
お茶の水女子大学「平成25年度全国学力調査の結果を活用した学力に与える要因分析に関する調査研究」

「オール1って、本当にあるんですねぇ」

大学生のボランティアは優秀な方も多く、オール5は見たことがあっても、1などとったことがないのです。

親の所得が高いと子どもの学力も高く、逆に親の所得が低いと子どもの学力も低い。これが教育格差と言われる現象です（図2－1）。一見、なんの関係もなさそうな親の所得と子どもの学力がなぜ、これほど相関してしまうのでしょうか？

どうしてこんなに成績が悪いのか、どうしてこんなに勉強しないのか、そこには、困窮家庭ならではの、当事者だけではなんともしがたい理由があるのです。

家に勉強する場所がない

困窮家庭の子どもの学力が低いのは、塾や通信教育、家庭教師などの有料教育サービスが受けられないから、というような単純な理由ではありません。直接的な教育の前に、生活環境や文化環境で、裕福な家庭とは大きな差がついているのです。

多くの困窮家庭は持ち家ではなく、アパートなどを借りています。収入に限りがあるので、十分な広さのある家は借りられません。私たちが事業を広く展開している東京は、家賃も高額です。私が今までお話しした方で、一番狭いご家庭は、お母さんと小学生、幼稚園の二人の姉妹で、6畳の1Kに住んでいました。唯一の6畳の部屋で、食卓テーブルを出してご飯を食べ、それを片づけて布団を敷いて寝る生活です。家にいるときは、家族3人ずっと狭い空間で一緒にいるので逃げ場がありません。

私たちの学習会に通うご家庭は、子ども部屋はもちろんないし、勉強机がないようなご家庭も珍しくありません。家で唯一、机と呼べるようなものは食卓テーブルしかないのですが、そこで勉強をしようとしてもテーブルの50センチ先にはテレビがあって家族がそれを見ています。小さい子がいれば、ちょっかいを出してきます。勉強に集中するのはかなりむずかしいでしょう。

30分も40分も自転車を漕ぎながら学習会に毎日参加してくれる生徒がいました。あるとき、学習会にたくさんの生徒が来て、机が足りなくなってしまいました。長机を占領して勉強道具を広げていたその子に、場所をあけてくれないかとお願いしたのですが、いつも協力的なその子が珍しく嫌がりました。理由を聞いてみると、家では勉強をする場所がなく、ひざの上に教科書や問題集を広げて勉強しているのだそうです。その子がやっていたのは、大きめの紙に、いろいろなものを張り込むような宿題で、家ではやりようがなかったのです。

家では集中できる場所がないから、寝床にお盆を置いて勉強しているという高校生もいました。

塾にいけなくても、家でちゃんと勉強すればいいのではないか？　と良く言われるのですが、そもそも家ではほとんど学ぶ場所がない子どもがたくさんいます。学校で出された宿題を家では絶対にできない子どもはどうすればいいのでしょう？

すべての親が勉強を教えられるわけではない

日本の困窮家庭の多くはワーキングプアです。働ける人はみな働いていると感じます。ひとり親家庭では唯一の親が働いているのですから、当然家には子どもだけになります。それも夜遅くまで、休日もまともにとらずに働いています。家に帰れば、食事の支度やたまった家事をやらなければなりません。子どもの相手をする時間が十分にとれません。

子どもの立場になると、家で深夜まで一人だったり、親の代わりに幼い兄弟の面倒や家事を担ったりします。宿題をしていてわからないところが出てきても、親に聞くわけにはいきません。親が、子どもに勉強を教えてあげる時間がまったくとれないのです。

「早寝、早起き、朝ご飯の家庭は、子どもの成績が良いから、各家庭で早寝、早起き、朝ご飯を心がけてください」といわれています。しかし、逆の見方もあります。「早寝、早起き、朝ご飯」というような規則正しい生活を子どもに与えられるような恵まれた家庭環境だから、成績も良いのではないでしょうか？

子どもと一緒に宿題をし、読み聞かせをし、子どもの音読をていねいに聞いてあげ、九九の暗記につきあう。お母さんやお父さんにそういう余裕があれば、子どもの学力も上がるでしょう。しかし、世の中には、早寝早起き朝ご飯が物理的にできない家庭がたくさんあるのです。

深夜まで働いたり、夜勤をしなければならないひとり親家庭は、どうやって子どもに早寝をさせればいいのでしょう？　子どもに寝て欲しい時間には家にいられないのです。仕事が終わって、家に帰れるのは夜の9時や10時、そこから夕飯をつくって食べさせて、子どもはようやく帰ってきたお母さんと話したくて、どうやったって夜更かしになってしまいます。早寝早起きをさせようとしたら、子どもと話す時間はほとんどなくなってしまうのです。

夏休みなんて

学習会に参加した中学3年のある生徒も、成績が悪くかなり勉強を頑張らないと高校にいけません。学習会は週に一度しかないので、残りの6日、家でいかに勉強してもらうかが重要です。夏休みはまとまって勉強の時間がとれます。いままでは家でほとんど勉強していなかったようですが、どうにか家でも勉強してもらうために、一緒に学習計画を立てました。一日のうち、いつ勉強できるか、を考えるために毎日の生活を聞き出します。

私「朝はいつ頃に起きるの？」
生徒「う～ん、わからない」
私「8時ぐらい？　9時とかかな？」
生徒「う～ん」
私「まぁ、じゃ9時ぐらいに起きても間に合うように、毎日10時からは勉強の時間にしようか」
生徒「うん、たぶん大丈夫」
私「午前中はどれくらい勉強できるかな？　お昼はいつも何時頃食べる？」
生徒「う～ん、わかんない。覚えてない」
私「そっか、1時ぐらいかな？　2時とかかな？」
生徒「う～ん」

もしかしたら、お昼ご飯も朝ご飯も食べたり食べなかったりなのかもしれません。

学校があれば、たいていの親御さんはなんとか学校に送り出して仕事にいけますが、夏休みはそれができません。どんなに気になっても、子どもが起きたかどうか、ちゃんと朝ご飯を食べているかを確かめずに仕事にいくしかないのです。一人で家にずっといれば食欲もわかないでしょう。食事もちゃんとはとれません。夜8時か9時にお母さんが帰ってきて、一緒に食事をとる以外、一日中ほとんど誰とも話さず、結局、一日の大半を寝て過ごしていたのです。時間の感覚もない。いつ起きて、いつご飯を食べても食べなくても、誰もしかってくれる人はいないのです。

その子が特別なわけではありません。私たちが運営しているある学習会の生徒に、夏休みを有意義に過ごしてもらおうと、「夏休みの目標」を書いてもらいました。

自分が中学生の頃、夏休みにはどんな目標を立てていたか、思いだして見てください。

久しぶりに学習会に出向いて、可愛らしいフォーマットの目標の紙を読みながら、私は、困窮家庭の子どもたちにとって、夏休みは楽しい待ち遠しいものでないことを思い知りました。

「毎日10時前に起きる」

「8時か9時に起きて、学習会に来る」

「午前中に起きる！」

「毎日必ず3食、食べる」

「食事をしっかりととる」

「体調管理に気をつける」

「健康にすごす」

彼らにとっては、夏休みは家族で旅行にいったり、楽しい思い出をつくるものではありません。健康に乗り切れるかどうか、まさにサバイバルなのです。「衣食足りて礼節を知る」ということわざがありますが衣食が満たされなければ、勉強に向かえないのは当然です。

その上、夏休み明けには、家族で海外旅行にいった友達の話を聞いてニコニコしたり、家族旅行のお土産をもらってばかりで自分は何にもないからゴメンねと謝ったりしなければなりません。

「夏休みなんて無ければいいのに」

これは、困窮家庭の子どもたちのまぎれもない本音なのです。

多様化が進む家庭や親

NPOの活動をはじめた当初から、

「塾にいけなくても、家で親が勉強を教えればいいじゃないか?」

と何度も言われました。そういう方は、きっといい親に育てられ、また、自分も子どもに勉強を教えられるいい親だったのでしょう。しかし、そんな立派な親ばかりではありません。

実にいろいろな親がいます。

たとえば、親が外国人の家庭では、日本の勉強を教えられません。学校の定期テストも、高校選びも、入試の手続きも、親も子もわからないことだらけです。子どものほうがまだ日本語がわかるので、子どもが学校や行政の通訳を務めなければならないような家庭も増えています。親子で途方に暮れている家庭は実はとても多いのです。

中学3年生で高校受験のためにきた生徒は、真面目でおとなしい子でした。勉強はとても苦手で、公立高校を希望していたのですが、いまの成績では公立高校に入るのは厳しい状況でした。もし、公立高校がダメだったら私立高校でも大丈夫かどうか、ご両親と相談してみてと伝えました。

その夜遅くに、お母さんから泣きながら電話が入りました。

「実は、私も夫も最終学歴は中卒なんです。高校中退してしまって。だから、子どもに勉強を教えるなんてまったく無理なんです。いま、すごく苦労をしているから、なんとかあの子だけは高校を卒業して欲しいんです。私立にいくのであれば、いまからでも申し込める奨学金とかないでしょうか？」

いくら勉強を見てあげたくても、親が勉強を見られない家はたくさんあります。

また、驚く方も多いかもしれませんが、子どもの教育なんて、学校なんてどうでもいいと思っている親もいます。

学習会にくると、とても一生懸命勉強するのに、宿題を出してもまったくやってこない中学3年生の生徒がいました。もう少し頑張れば、志望校にも手が届くので、なんとか家で少しでも勉強して欲しい。なぜ宿題をやってこないのかと不思議でした。ボランティアやスタッフが少しずつ聞いてみてわかったのは、その生徒は異父きょうだいがたくさんいて、家に帰るとその面倒をみなければならなかったのです。家事なども担っており、家では疲れてしまってとても勉強ができなかったのです。

こういう生徒は、この子ひとりではありません。

「どうせ勉強なんかしたって、なんにもいい事ないんだから。それより家の事をやりなさい」

と親に言われている子、たとえ受験生でも家事を優先させなければならない子がたくさんいます。

子どもたちから聞く家庭の話は、私たちにはどうしようもないことばかりです。それでも、なんとかそこから抜け出すために、そして家族のためにも、学習会で力をつけて欲しいと思っています。

お金がなくても本人が頑張ればどうにかなるのか？

３人の子を育てている方から、

「私は家でいつも、『うちには医者になりたいなんていう親不孝な子どもはいないよね』っ

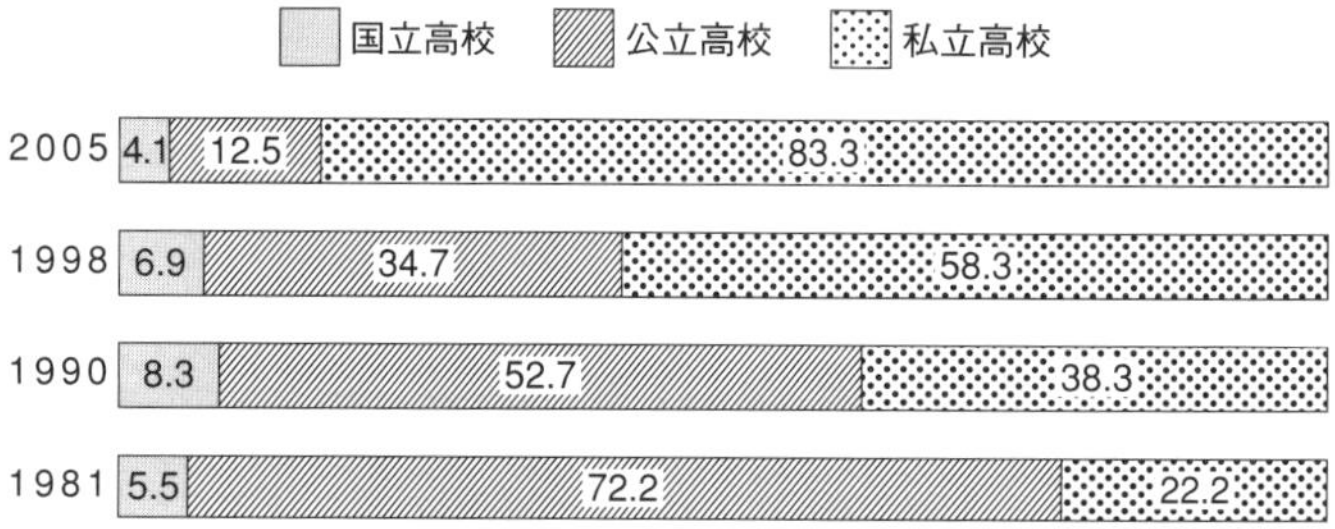

図2-2　国立大学医学部合格者出身校上位8位に占める出身校推移

中川さおり「4. 誰が医者になるのか：医学部における選抜システムと文化的再生産についての一考察」（『日本教育社会学会大会発表要旨収録』No.58、2006年）より作成

て言っているんです」

と聞いたことがあります。子ども思いのとても良いお母さんで、教育の重要さもよくわかっていらっしゃいます。だからこそ自分のいまの経済力では、子どもを医学部に入れてやることはできないということが、良くわかっているのです。

２００６年に日本教育社会学会で発表された「誰が医者になるのか：医学部における選抜システムと文化的再生産についての一考察」という調査があります。

国公立大学医学部の出身校を調べた調査です（図２－２）。

私立大学の医学部の学費はとても高く、平均的な６年間総額納入金は３０００万円以上です。１年間５００万円以上の学費を負担しなければなりません。富裕層ではない家庭の子どもが医者になりたい場合は、国公立大学の医学部に進む道があります。

それでは、誰が国公立大の医学部に合格できるのでしょうか？

調査によると、１９８１年の国公立大学医学部合格者の出身校は、約８割が国公立高校、２割が私立高校です。しかし、２００５年の調査では、これがみごとに逆転し、国公立高校出身は2割を切っています。公立高校だけに限るなら1割強で、私立高校出身が8割を超えています。少し前までは、たとえ家が裕福ではなくても、一生懸命勉強して、その県のトップの公立高校にいき、そこでまた頑張れば、国公立大学の医学部に入って医者になれました。しかしいまや、そのルートで国公立の医学部に入れるのは、１割強しかいません。多額の教育費をかけられる私立中高一貫校の生徒が、学費の安い国公立大学の医学部を独占しているのです。

医学部だけではありません。いまや東京大学に入る学生の保護者の年収は１０００万円を超えると言われています。東京大学が実施している「学生生活実態調査」[※1]によると年収７５０万円未満の家庭は3割もありません。

学費の安い国立大学である東京大学に入っているのは、私立の中高一貫校出身で、さらに予備校や家庭教師を利用できる裕福な家庭の子どもがほとんどです。アルバイトに時間をさ

＊1　http://www.u-tokyo.ac.jp/content/400037152.pdf

き、予備校にも通えない貧しい高校生が東大に合格するのは非常にむずかしいのです。

東京大学だけではありません。国立大学に通う家庭の保護者の平均年収は839万円で、私立大学の保護者の年収は826万円です。[*2]

国立大学というと、裕福ではない家庭の高校生が頑張って勉強をして入るイメージがありますが、実態は逆です。裕福な家庭の子どもが、多額の教育投資をして国立大学に入り、低所得の家庭の子どもは、学費の安い国公立大学に入ることができず、多額の奨学金を借りて私立大学に入らざるをえません。

国公立大学には多額の税金が使われています。本来は貧しい家庭の子どもでも大学にいけるためであったはずの国公立大学の存在意義をもう一度確認する必要があるのではないでしょうか。

15歳で将来をあきらめる子どもたち

私たちは2011年から、無事に高校に進んだ生徒のための高校生向けの無料学習会「ガチゼミ」も行っています。無事に高校に進学して、「国公立大学に入りたい」と将来の目標に向かって進む生徒のため、また一方、勉強が苦手な生徒は中退や留年をしないようにというセーフティネットの機能もあります。

希望する高校に進んだ生徒に、高校最初の定期テストの成績を聞くと、

「学年で5位でした」

「11位でした」

ととても良い成績をとる子もいます。

「そんなにいい成績をとったなら、学校推薦で大学にいけるね」

というと、顔が曇る生徒がいるのです。

「私は商業高校だから、大学にいくかどうか、わからないし」

「大学にいってみたい気もするけど、うちの高校でいい成績をとっておけば、いい就職ができるから」

中学校での成績が非常に良く、本人も医師になりたいという夢をもちながら、家庭のことをいろいろ考えて、悩んだ末に結局、商業高校に進んだ生徒もいました。

先進国で唯一、大学の学費が高く（図2－3）、しっかりとした給付型奨学金の制度がない日本では、親の所得が大学進学率に直結します。

成績が優秀なら、特待生として学費無料で高校や大学に進学できるかもしれません。でも、低所得の家庭には、「かもしれない」という可能性にかける余裕がないのです。もし、特待生がとれなければ、私立高校を辞めなければなりません。万が一のときには「なんとかお金

＊2　http://www.jasso.go.jp/about/statistics/gakusei_chosa/__icsFiles/afieldfile/2017/06/16/data-14_all.pdf

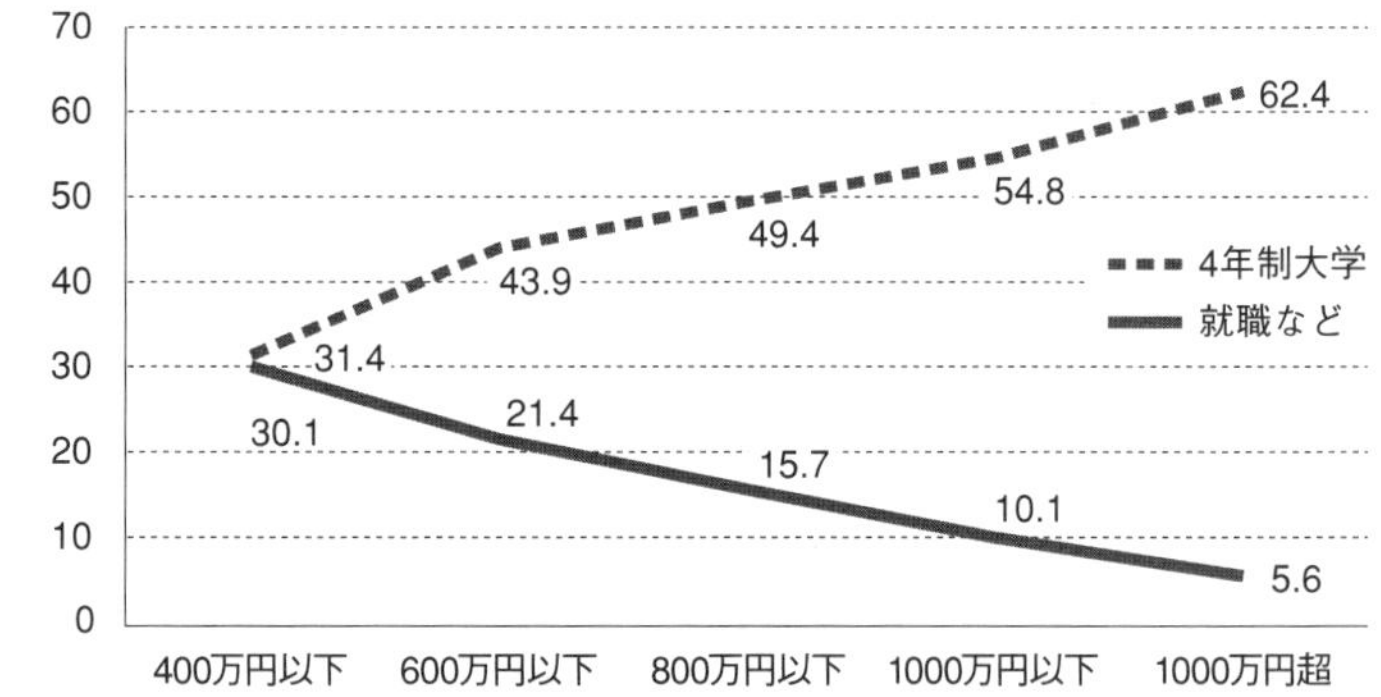

図2-3　高校卒業後の予定進路（両親年収別）

東京大学大学院教育学研究科 大学経営・政策研究センター「高校生の進路追跡調査第1次報告書」（2007年）

を工面していけば」というその「なんとか」がどうにもならないのです。大学進学のときも無利子奨学金に申し込んで、万が一奨学金が受けられなかったら、せっかく合格しても大学にいけません。だから利子付きの確実にもらえる奨学金を申し込むしかないのです。経済的な余裕がまったくないと、どうしても不利な選択を選ばなければならなくなってしまうのです。

学歴なんて重要じゃない。人間は中身が大事。大学にいくことがすべてではない。たしかにその通りです。しかし、大学や専門学校にいかなければなれない職業はたくさんあります。先生、医師、薬剤師、弁護士、多くの一流と言われる企業の正社員、みなそうです。

勉強だけではありません。スポーツにしろ、音楽や芸術にしろ、いまは何をするにもお金がかかる傾向があります。結局、経済的理由で夢をあきらめざるをえない子どもはたくさんいます。

それでもその子たちに向かって
「お金がなくても頑張れば夢はかなう」

というのは、厳しい環境にいる子どもたちに、まだまだ、あなたの努力が足りないからだと言っているのと同じです。

15歳で将来をあきらめるのは子どもや家庭の「自己責任」ではないはずです。

教育格差が起こる原因

年収の高い家庭を選んで、知能指数が高い子どもが生まれてくるわけではありません。生まれてきたときは同じ可能性をもっているはずなのに、なぜ、こんなに差がついてしまうのでしょうか？

そこには、世界でも特殊な日本の子育て・教育事情と、「子どもは親が育てるもの」という古くからの子育て観が関係しています。

教育格差が起きる原因のひとつは、日本の財政で教育予算が少なすぎるためです。他の先進国に比べ、日本が教育に使っている税金は非常に少ないのです。経済協力開発機構（ＯＥＣＤ）調査では、毎年日本が最下位争いをしているような状況です。

２０１７年9月の報道[*3]によると、国内総生産（ＧＤＰ）に占める学校など教育機関への公的

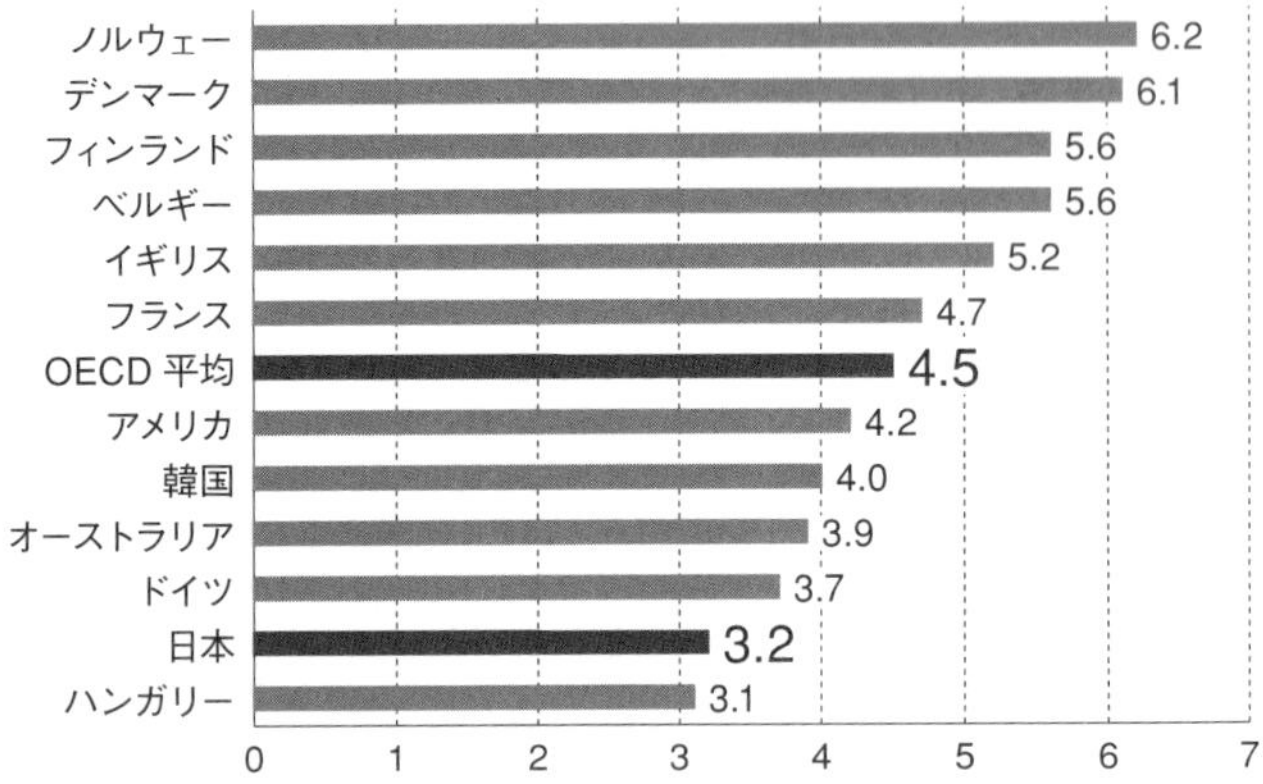

図2-4　国内総生産（GDP）に占める教育機関への公的支出の割合

Education at a Glance 2016 : OECD Indicators - ©OECD 2016

支出の割合は3・2％で比較可能な34カ国中最下位でした。OECD平均は4・4％。日本の最近のGDPは500兆円前後なので、OECD平均並みに教育費を使うとすると、あと6兆円ほどの税金を教育費に使わなければなりません。平成28年度の文部科学省の予算総額が5兆3200億円。文部科学省の予算を2倍にしても、世界平均並みに届かないのです。いかに教育予算が少ないかがおわかりいただけるでしょう（図2－4）。

税金で賄われる部分が少ないために、足りない部分を私費で負担しなければなりません。これが教育格差の原因です。

日本は「教育大国」というイメージをもっている方も多いでしょう。資源をもたない小さな島国が生き残るためには、「人」こそが重要、と昔から言われていました。しかし実態は、国が教育にきちんと投資をしているわけではなく、家庭の負担に依存しているのです。いまや少子化は日本のみならず、先進国共通の課題です。他の国々が安心して子どもを産んでもらうため、一人ひとりの子どもに良い教育を与えるため、厳しい財政のなかで教育予算を増やすなか、日本は、いまだに「教育」を家庭の努力に依存している状況です。その結果、教育投資のできない家庭の子どもの学力がどうしても下がってしまうのです。

貧困の連鎖

日本では、高校卒業後の大学や専門学校などの高等教育の私費負担率がとくに高い状況です。簡単に言うと、大学や専門学校の学費が非常に高いのです。さらに、日本には国としての十分な給付型奨学金が存在しません。２０１６年にようやく給付型奨学金の導入が決定しましたが、まだまだ金額も人数も十分ではありません。

高齢者の方と話していると、「僕も奨学金をもらっていた」とおっしゃる方が多い。たとえば貸与型が三分の一、残り三分の二は、給付型の奨学金で返済の必要がなかった、というようなお話です。また、国立大学は学費がものすごく安かったそうです。いまから約40年前

＊3　時事ドットコム　https://www.jiji.com/jc/article?k=2017091201092&g=soc

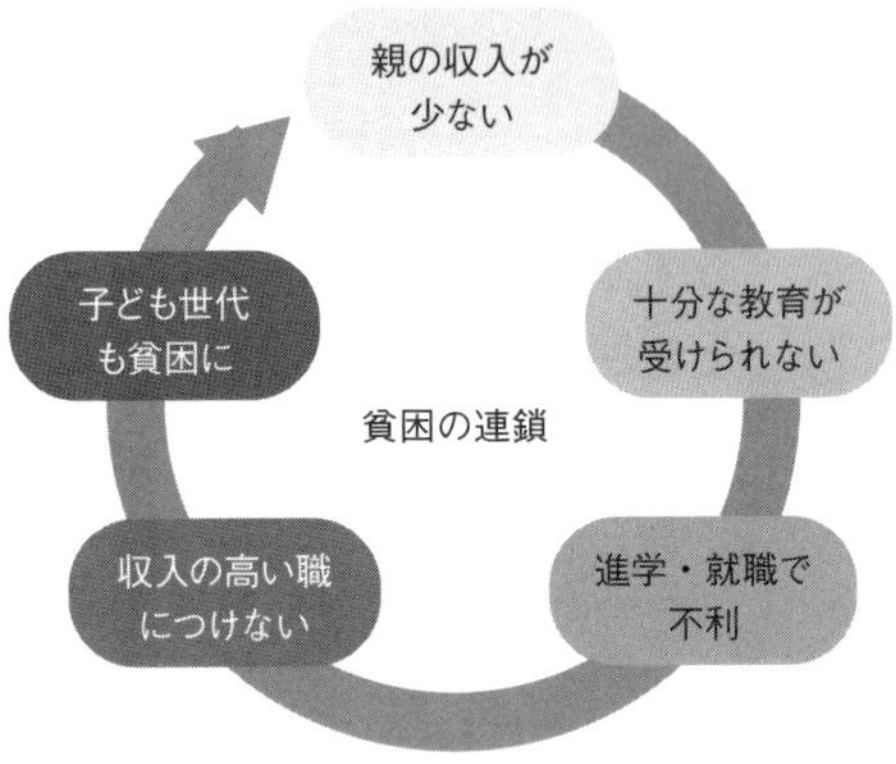

図2-5　貧困の連鎖

の国立大学の学費は３万６０００円。現在は53万円。なんと約15倍です。大卒初任給は約2倍上がっただけなので、国立大学の学費がどれほど値上がりしたか、がわかります。

「今は、どんなに成績が優秀でも、もらえる奨学金はないんです。個別に大学や財団などがやっている小規模なものはありますが、国としての制度はありません」というと、非常に驚かれます。

給付型奨学金の制度はできましたが、とても学費を全額カバーできるような額ではなく、低所得の家庭の子どもにとっては、いまだに学費の負担は、大きなハードルです（図２－５）。

本人の努力では格差は埋まらない

２０１４年、教育格差について研究されているお茶の水女子大学の耳塚寛明先生から衝撃

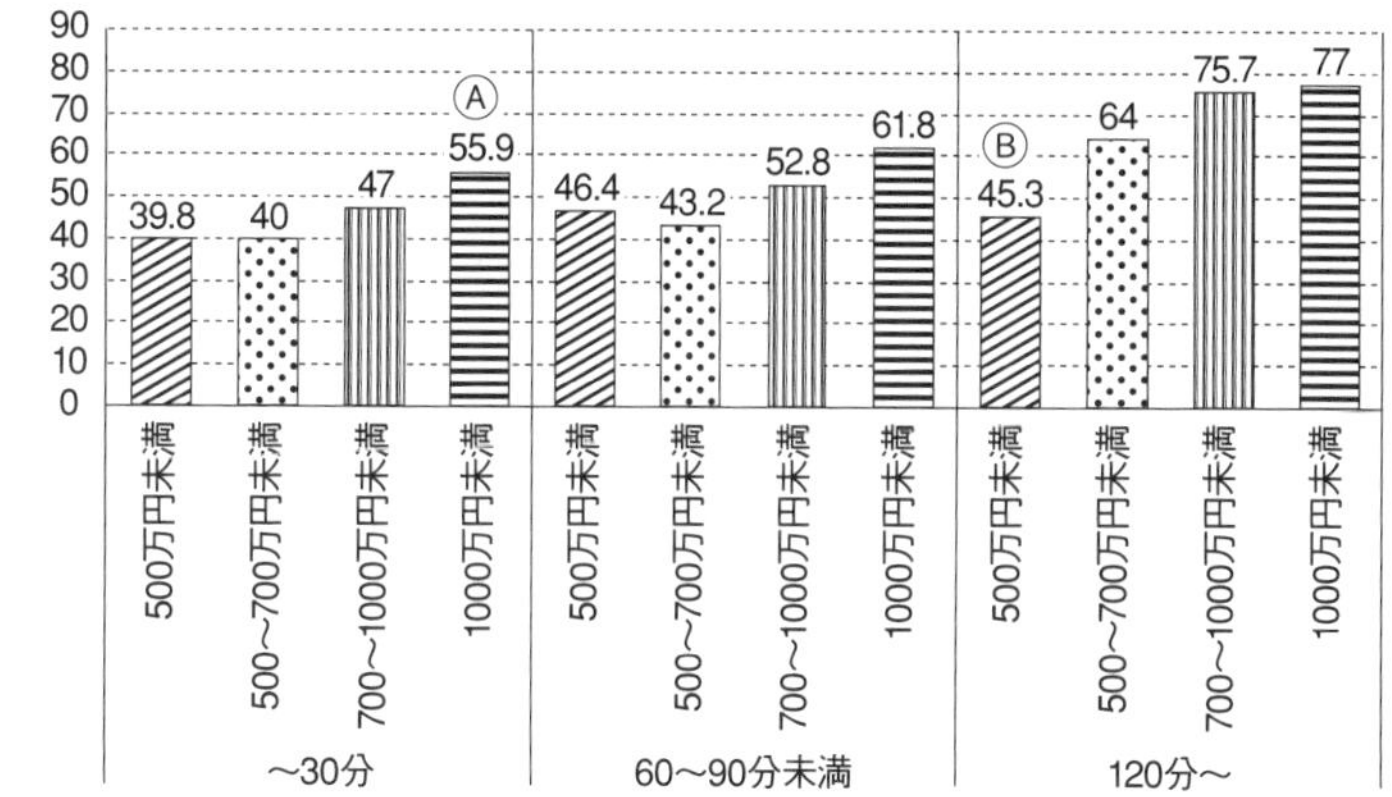

図2-6　家庭学習時間別に見た世帯所得と学力の関係（小6算数学力）

耳塚寛明「教育格差を考える：だれが学力を獲得しているのか？『お茶の水地理学会講演要旨』『お茶の水地理』vol. 53, 2014 年」
http://hdl.handle.net/10083/56611 よりダウンロード

的な研究結果が発表されました。

図2－6は家庭学習時間別に見た世帯所得と学力の関係を表わしたものです。これによると、1日30分以下しか勉強しない年収1000万円以上の家庭の小学6年生の算数のテスト（Ⓐ）の点数は55・9点に対して、年収500万円以下の子どもで毎日120分以上勉強している子どもの点数は45・3点（Ⓑ）なのです。少ししか勉強しない高所得の家庭の子どものほうが、毎日長時間勉強する低所得の家庭の子どもよりはるかに点数が高いのです。

高所得の家庭では、小さい頃から、大学を卒業したような高学歴で専業主婦のお母さんが、知育玩具を与え、読み聞か

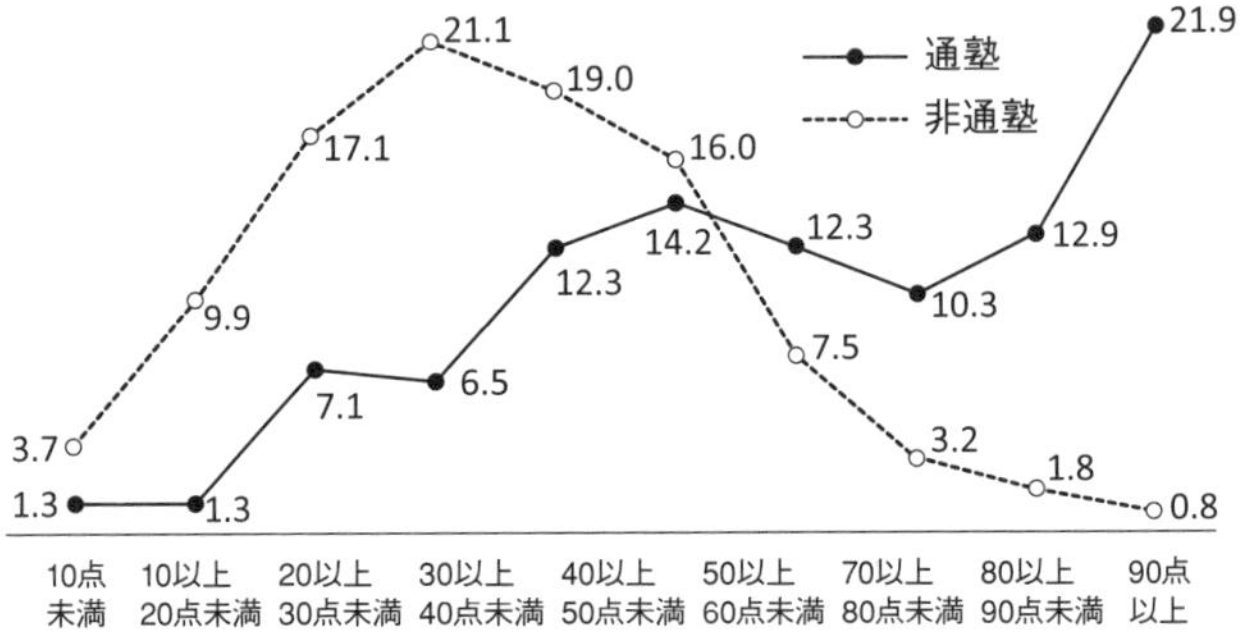

図2-7　大都市圏近郊中部市における受験塾への通塾別学力分布（小6算数/JELS2003）

お茶の水女子大学21世紀COEプログラム「誕生から死までの人間発達科学」
http://berd.benesse.jp/berd/center/open/berd/backnumber/2007_08/fea_mimizuka_02.html

せをし、毎日公園に連れて行ったり、さまざまなお稽古をさせたりします。家庭にはたくさんの本があり、暖かい家庭があり、お父さんは素晴らしい仕事をしながら、世界の動向や社会の流れを話してくれます。時に英語の電話がかかってきたり、海外旅行に行ったり。親戚も皆、大学にいくのが当たり前で、大学院や留学も珍しくないような環境。しっかりとしつけを受け、人の話をよく聞き、自分の頭で考え、判断することを小さい頃から教えられていれば、小学生程度の勉強なら、学校の授業を集中して聞けば、それほど困らないのかもしれません。お金という経済資本のみならず、家庭がもつ文化資本や生活環境の違いが、埋めがたい差となって現われているのです。

図2-7は受験塾にいっている子どもといっ

ていない子どもの学力の比較です。塾に通わないで90点以上取るのは至難の技ですが、受験塾に通っていれば2割以上の生徒が90点以上をとるのです。たしかに、塾にいかなくても、本人の努力で良い成績をとることは不可能ではありません。しかし、塾にいったほうが良い成績をとる確率は高く、悪い成績をとる確率はぐっと低くなります。テストの成績が良ければいいとは思いませんが、学力に関しては、塾が果たす役割もあるのでしょう。

勉強に限らず、スポーツや芸術、そして英語やＩＴも、お金をかけられる家庭の子どもは有利になる一方、困窮家庭の子どもは、何もできなくなっています。必要な教育は学校で与えられる時代から、多様な教育ニーズを学校外で補う時代になっています。学校外の教育格差をどう埋めていくのかを考える必要があります。

勉強の仕方そのものを知らない

図２−６を見ていると、もうひとつ、興味深い点があります。

年収５００万円以下の世帯では、勉強時間が30分以下でも１２０分以上勉強しても成績がそれほど変わらないのです。これは他の所得では見られません。実際に現場にいると、この現象も納得できます。私たちの学習会の生徒は「学び方」をほとんど知りません。「間違った勉強法」で勉強をしているので、いくらやっても成績が上がらないのです。

学習会にきていた中学3年生の生徒は、理科が苦手でした。お兄さんから教わった学習法は、「教科書をまるごと写す」でした。毎朝5時に起きて、教科書を一生懸命写したのですが成績は上がりませんでした。

数学が苦手な中学3年生の別の生徒は、

「ここ、絶対出るよね」

と言いながら、教科書の三平方の定理をノートに写していました。図形を写して、公式を写して、それだけに何十分もかけているのです。

「ノートに写すより、その問題を解いた方がいいよ」

とアドバイスしても、聞き入れてくれません。おそらく、練習問題を自力で解くことはできないのでしょう。一緒に解いてあげたいのですが、遠慮しているのか、解けないのが恥ずかしいからか、問題を解こうとしません。数学の問題文を写すのに時間がかかりすぎて、1時間勉強しても2題しか終わらないというような生徒は少なくありません。

「今日僕が見た子は、ワークの解き方を知らなかったんですよ」

塾で20年程度指導経験のあるスタッフが、驚いて報告してくれました。彼によれば、一番ていねいで、レベルの低い生徒でも解けるようにつくられているのが、学校で配布される副教材のワークだそうです。市販の参考書や問題集でも、塾用の教材でも、あれより簡単な教材はないので、一番勉強ができない子は、あれで勉強するのが良い。ワークは誰でも解けるようにつくられているのだそうです。

ところが、彼が担当した中学生の生徒は、学校から配られたワークを自分の力では進められませんでした。

「このワークは、こういうふうに、ここにヒントや答えが書いてあるから、それを探して、回答欄に書いていくんだよ」

と一緒に解いていくと

「本当だ！　答えが書いてある」

と、初めてワークの勉強の仕方を知ったそうです。実はこのような子は、けっして珍しくはありません。

昨今の公立中学校では、定期テストの当日に、このワークの提出が課題となっている学校が多いようです。学校側の意図としては、試験前にしっかり勉強をするように、テスト範囲のワークを「提出物」とすることで、少しでも生徒に試験勉強をさせようというものでしょう。たしかに自力で解ける生徒にとっては、この「提出物」作戦は成功するかもしれません（図２－８）。

しかし、私たちの学習会にくる多くの生徒は、ワークの解き方をそもそも知らないので、自力ではまったく解けないのです。どうしているかというと、解けないので提出せず、試験の成績も振るわず、通知表で「1」をとってしまう。それを避けるなら、とにかく「1」をとらないように答えを丸写してワークを提出しています。赤ペンで丸をつけ、直しまでをして提出しなければいけない学校も多いのです。生徒の作業としては、答えを写し、当然正解なので全部丸をつけて提出。または、まったくわからないので、すべて赤ペンで答えを写して提出しています。ワークを解くことが「学習」ではなく「作業」になってしまっているので、当然試験の成績には結びつきません。

テスト前の学習会で、こちらとしては、5点でも10点でも点が取れるように、よく出る問題を教えてあげたいのに、

「明日までにこれを提出しないとやばいんですよ〜」

と、せっせとワークの答えを写すのです。

「とにかく、通知表で1をとらないように、ワークや宿題は必ず提出してね。テスト前の学習会では、テストに出そうなところを教える時間を取りたいから、ワークを写すのは、家でできるから、とにかく家でワークは進めてね」

自力でワークが解けない生徒には、泣く泣くこのような指導をする場合もあります。これが良くないのはわかっていますが、生徒たちの成績を少しでも上げるためには、こんな指導をするしかないのです。九九も満足にできない子に、2次方程式のワークを何十ページもやらせるのは、週1回程度の学習会では不可能です。そしてワークは、国数英理社5教科、期

	範囲	注意事項・持ち物・提出物など
2校時 英語	・3年教科書　P.22〜59　68、69 ・ワーク　P〜61　72〜73 ・授業中のワークシート、単元シート、BINGO ・夏休みの課題　トレーニング　ワークシート	提出物　ワーク、ファイル、BINGO　提出日は授業で指示します。
3校時 数学	【数量】 ・教科書　P.38〜P.80 ・ワーク　P.22〜P.55 （ただし、提出時のチェックはP.52〜P.55） 【図形】 ・教科書P.138〜P.156,　P.160〜P.165 ・ワーク　P.94〜P.105,　P.110〜P.111 ・授業用ワークシート 5章 No.16〜No.22 6章 No. 1〜No.5	【数量】 計算問題だけでなく、応用問題についてもしっかりと復習しておくこと。 試験当日、ワーク提出 試験終了後、最初の授業でノート提出 【図形】 ワークP.110〜P.111を取り組み、丸つけ、直しまでしたものを,テスト当日に提出。途中式のないもの、丸つけができていないもの、正しく直されていないものは大幅減点。
2校時 社会	【公民】 第2章　個人の尊重と日本国憲法 教科書　P36〜P59 資料集　P26〜P45	【提出物】 ワーク&トライ　P12〜P19　試験当日提出 社会係が出席番号順に集め、相談室へ提出 ○付け、直しをすること。空欄があるページは評価しません。 ※授業でやった内容、ノートをよく復習しておくこと
	【歴史】 ・歴史の教科書P.198〜P.213 ・歴史の資料集P.198〜P.223 ・歴史のワークP.54〜P.67	【提出物】 歴史のワーク　P.54〜67　試験当日提出 社会係が出席番号順に集め、相談室へ提出 ※○付けや直しを行ったうえで提出してください。 ・プリントやワークを中心に復習を行ってください。

図2-8　定期考査 試験範囲

資料をもとに著者作成

末ともなると、これに実技科目も加わります。私たちの学習会に通う多くの生徒にとって、「ちゃんとやるのは不可能」な提出物なのです。本来は、生徒にしっかりとテスト対策をするための「テスト前提出」が、生徒の試験前勉強を妨げているという、なんとも皮肉な結果を導いています。

暗記の仕方がわからない

中3の生徒を見たボランティアが、終了後の振り返りミーティングで「今日、教えた生徒は、暗記の仕方がわからないと言ったので、教えてあげました。他にもそういう子がいるかもしれないので、暗記の仕方をみんなに教えてあげたほうがいいのではないでしょうか？」

たとえば、英単語や社会や理科では暗記が必要です。が、そもそも「覚えている」ということがどういう状態なのかわからないという子も少なくありません。

皆さんは、英単語や用語を覚えるときはどうしていますか？　暗記シートを使って、覚えるべき言葉を隠して、見なくても言えるかどうか確認したり、小テストを繰り返したり、いろいろな工夫をされているでしょう。チェックして、できなかったところは、もう一度暗記して、またチェックして。その繰り返しで定着させることで、テストに出てきたときに、すぐに答えが浮かんできます。それが「覚える」ということです。私たちの学習会にくる生徒さんは、そういう勉強の仕方を教わっていないので「覚える」ということがわかりません。その結果、テストで0点や、まぐれあたりの5点10点を取ってしまいます。

たとえば、彼らの勉強法はこんな感じです。英単語を覚えようとすると、一つの単語を10回も20回も書きます。

learn　learn　learn　learn　learn　learn　learn　learn　learn　learn

もっとすごいパターンは

learn　学ぶ　learn　学ぶ　learn　学ぶ　learn　学ぶ　learn　学ぶ

と日本語の意味も何十回も書きます。

一つの単語に何分もかかるので、30分単語を覚える時間を取っても、10語ぐらいしか進みません。さらに、書いているけれど、その単語を読めないことも少なくないのです。

「これなんて読むの?」

「うーん。リアン（小さい声）」

読めない単語を書いていても、人間の脳は記憶できません。「読めない文字は暗記できない」ということを教えてもらっていないのです。生徒たちがやっているのは、英単語の暗記ではなく、書写なのです。

「学ぶ、学ぶって、これは英語の勉強じゃなくて、漢字の練習だよねぇ。これは書かなくてもいいと思うよ」

「たしかに、英単語のスペルを覚えたほうがいいんだけど、実際の入試では、スペルを書くことはあんまりないから、まずは英単語を見て、それが読めて、日本語の意味がわかれば大丈夫だから。英単語を書いて覚えると、とっても時間がかかるから、書かないで、この単語リストの日本語の意味のところを隠しながら、英単語読んで、意味が言えるようにしよう」

「じゃ、一緒にやってみようか？」

中学3年生に、こうやって英単語の覚えかたを教えるところからはじまることも珍しくありません。

社会のプリント、理科のワーク、とにかく必ずテストに出そうなところは、答えを隠して、何度も何度も答えさせます。

「そう、ただ写すんじゃなくて、答えを隠しても言えるようにすることが大事なんだよ」

低所得の保護者には、自分も勉強が苦手だったり、ほとんど勉強をしてこなかった方もいらっしゃいます。外国出身など、日本での勉強の仕方を親も知らないご家庭もあります。塾にいけば、効率の良い勉強の仕方を教わったり、自分のレベルにあった教材を使って学習できますが、塾にいかないのでそれがわかりません。中学校に入って、「定期テスト」ってどんなものなのか、「試験範囲」とは何なのか、試験前にどんな勉強をすればいいのか、まったく知らない。親もわからないので、

「とにかく勉強しなさい」

としか、言えないのです。

勉強の仕方がわからないままに、ワークの答えを写し、読めない英単語を何十回も書き、教科書を写す。このように非効率だったり、そもそもの目的に達成しない学習方法で勉強をしているので、それなりに時間をかけてやっても、テストの成績に反映されないのです。

今は、無料の動画教材やドリルやワークがインターネット上にたくさんあるので、そういうものを使えば、お金をかけずに自宅で勉強することもできます。ただし、そのためには、インターネットを使える環境がなければなりません。たしかに低所得の子どもたちもスマホはもっている子が増えました。しかし、それで動画を見ようとすれば、すぐに契約容量をオーバーして通信制限がかかってしまいます。テレビで見て

「無料なら自分でも使えるかも」

と試してみて、途中でほとんど動かなくなる動画授業に

「やっぱり、ダメなんだ」

とあきらめる。親に聞いても、なんで動かなくなるのかわからない。そんなことのくり返しで、自分と勉強は無縁のものなのだと思い込んでしまいます。

家庭や学校で「学ぶ技術」を身につけられない子どもがいるのは明白です。まずは義務教

育で、「学び方」や「勉強の仕方」をしっかりと教えることが重要だと思います。

高度化する情報社会を生きる子どもたち

「渡辺さん、あなたたちのやっていることは大変素晴らしいと思います。でもね、こういう道もありますよね。勉強が苦手で勉強できない子に無理やり勉強させて高校にいかせなくても、だったら農業があるよ、八百屋さんとか、そば屋さんとか、そういう道で、生きていくっていう方法もありますよね」

これは、ある行政の教育担当者がおっしゃった言葉です。この発言を聞いて、私はとても驚きました。

いまの時代、高校卒業の資格がなければ、まともな仕事に就くことは本当にむずかしいのです。たしかに、蕎麦屋の出前で雇ってもらえるかもしれませんが、それは一生蕎麦屋の出前をし続ける人生を、15歳で選んでいるのと同じではないでしょうか。商店街の八百屋も魚屋もどんどん潰れています。何十年とやってきたその道のプロの商売人が努力しても廃業せざるをえない時代に、九九もできないような、高校に入学する基礎学力もないような子が入っていって、生き残るのは不可能です。農業や漁業にしても同様です。農水産物も国際競争の時代になり、消費者のニーズも多様化し、6次産業化などと言われている時代に、基礎的な学力がない子どもたちが働きに出て一生やり続けられるでしょうか？　英語ができて、経営能力が必要で、自信をもって他人と交渉し、どこにマーケットがあるのか、どう売ればいいのか、そんなことを考えなければいけない時代に、アルファベットも読めない15歳がどう生き抜いていくのでしょう？

　技術革新は進み、それを使いこなせないとできない仕事が多くなっています。ロボットの進化やＡＩ（人工知能）の出現は、多くの人びとから従来の仕事を奪っていきます。オックスフォード大学でＡＩの研究を行うマイケル・Ａ・オズボーン准教授の研究によれば、なくなる確率の高い仕事としてあげられているものは、レジ係やホテルの受付係、建設機器のオペレーターなどはもちろん、給与・福利厚生担当者、保険の審査担当者、銀行の融資担当者なども入っています。いわゆる知識労働者の仕事もなくなる確率が高いのです。たんに知識を身につければできるような仕事はどんどんコンピューターに代替えされます。大学改革でも、知識偏重から思考力を問う入試への変革が進められ、教育の重要性は増しているのです。

　ＡＩが本格的に導入されはじめ、いまある仕事の5割、6割は10年後、20年後になくなるといわれています。そんな時代の流れを無視して、牧歌的な、勉強ができなくても

被災した中学生向けのＩＴ教育プログラムを受ける

真面目に働けば人生なんとかなるというような職業観を子どもたちに与えるのは無責任だと思います。

教育格差は、いわゆる英国数理社というような学力だけではありません。これからを生きる子どもたちに必要な教育は何か、そして、それが欠ける困窮家庭の子どもたちに何をするべきなのかを考えなければ、貧困の連鎖は断ち切れません。

第3章

現場で起きている奇跡

学校の先生、ダメじゃん

「期末テストの結果でた？」
「でました。数学30点！」
「おっ、なんかそれ、中間に比べて上がったんじゃないの？」
「はい、上がりましたよ。中間、0点でしたから」
「0点って（笑）。とにかく、すごいね。良く頑張ったね」
「はい、なんか勉強楽しくなってきました」

私たちが2010年に最初にはじめた中学3年生のための無料都立高校受験対策講座［タダゼミ］に通っていた生徒との会話です。

バレーボール部だったこのAさんは、母子家庭で上にお姉さんがいました。お姉さんは、商業高校に進んだそうですが、自分は数学が大嫌いだからと、商業ではなく農業高校を志望していました。

数学が大嫌いなだけではなく、勉強全般が苦手で嫌いな生徒でした。中間試験の結果をもってきてもらったら、みごとにすべてが一桁です。いまでこそ、このような成績も見慣れましたが、当時はまだ教育格差の実態を何も知らなかったので、とても驚きました。

「こんな、成績が悪い子がいるのか？」

さらに私たちが驚いたのが、

「こんなに成績が悪いのに、危機感がまったくない」

ということです。

テストで0点を取っているのに、勉強しなければいけない、という気持ちが見られません。［タダゼミ］に通ったのも、親が心配して申し込んできたからで、けっして自分から進んできたわけではありません。

「私は、農業高校に推薦でいくから、一般入試はしないから」

と、明るく答えていました。お姉さんの推薦入試を見ているので、「あんな感じでいける」と思っていたのでしょう。

「部活も終わっちゃったし、友達もみんな塾とかいって、遊ぶ人もいないから、まぁいいか。大学生のボランティアさんとか、結構おもしろいし」

そんな気持ちで［タダゼミ］に通っていたのだと思います。

やる気はなくても、マンツーマンでついたボランティアが、その子のつまずいているところを確認しながら勉強を教えることで、確実に学力は上がっていきます。学校の授業で、先生の話にはついていけなくても、［タダゼミ］なら、わからないところを、何度でも丁寧に、ひとつのやりかたでわからなければ、今度は違う解き方で説明するなど、いろいろな方法でわかるまで教えてくれます。

非常に成績の悪い子どもにとって、解けなかった問題が解けたとき、「できた」というだけではなく、自己肯定感が生まれます。

――学校の授業聞いてても、みんなわかっているみたいなのに、自分は全然わからないから「私って馬鹿なんだなぁ」って思ってたけど、違う教えかたならわかった。私が馬鹿なんじゃなくて、教えかたが合わなかっただけなんだ。

そのことに気がつくと、子どもはとても安心します。友達はみんなできていて、自分だけがわからない。これは子どもにとって、非常に不安です。ただ問題が解けないだけなのに自己否定をしてしまうのです。勉強が得意なほど自己肯定感が高く、逆に勉強が苦手だと自己肯定感が低いという調査結果[*1]もあります。

［タダゼミ］にきたBさんは、外国で育ち、小学校5年生から日本にきたそうです。会話にはまったく不自由はありませんが、学校の勉強、とくに国語や社会、理科などはどうしても言語の不利があります。勉強の苦手意識がやがて勉強嫌いになり、まったく勉強しないので数学もひどい成績でした。

初日に話をすると

「お母さんが無理やり来させたんだから、私はまったくやる気ないから。塾とか無理だから。高校もいきたくないし」

と、ふてくされた態度でいたのですが、1カ月もすると、

「ボランティアの先生がこんなに一生懸命に教えてくれるのに、なんで学校の先生はちゃ

んと教えてくれなかったんだろう。先生、ダメじゃん」

と言いながら、楽しく通って、無事に高校に合格しました。

寄り添って教えてくれる誰か

残念ながら、日本の小中学校では、先生1対子ども30人程度の講義形式で行う授業がほとんどです。カリキュラムがきっちりと組まれており、個々の子どもの理解度によって授業の進度を変えられません。授業についていける子どもはいいが、そうでない子どもはどうしても理解不足になります。それを塾や家庭学習などで補っているのですが、塾にいけない子ども、家庭で学習できない子どもは、理解できないままになってしまいます。子どもは、よその家のことはわかりません。まさか、よその家では、お母さんが一緒に宿題をしてわからないところを教えてくれたり、塾で先生が学校とは違うやりかたで教えてくれているとは思わないので、

「なんで、自分は勉強ができないのだ」

と不安になり、その不安と向き合わないように、勉強そのものに背を向けるのです。

＊1　国立青少年教育振興機構「青少年の体験行動等に関する実態調査」（平成22年度）

「退職した先生などにボランティアをしてもらえばいいのではないか？」

と言われます。たしかに、退職した先生の指導スキルは、大学生のボランティアよりも優れているでしょう。しかし、子どもたちに必要なのは、「寄り添って教えてくれる誰か」です。私たちは自分たちの指導方法を「寄り添い型個別指導」と名づけました。子ども一人ひとりに寄り添って、現在の学力レベルや進度に合わせるのはもちろん、家庭状況やその子の気持ちに寄り添いながら指導します。

そもそも、学校で行われている「教える→教わる」の関係に、苦手意識や嫌悪感をもっている場合も多いのです。私たちの学習会では「教わる」側が主役です。偏差値の高い大学に通っていても、塾のアルバイトでは非常に優秀な講師や元教師であったとしても私たちの学習会では関係ありません。教える技術の前に、子どもたちに寄り添う気持ちが重要なのです。マンツーマンや少人数の個別指導であれば、教えかたが多少まずくても、じっくりとわかるまで教えることができます。たとえば、正負の数の概念を教えるのに、線分を使って教えて、ピンと来てないようだったら、量の概念に例えてみたり、あくまでも計算ルールとして覚えさせたり、と試行錯誤をして教えます。

「どう、わかった？」

「う～ん、なんか、いまいちわかんない」

「そっか、ごめんねぇ。そうだなぁ、じゃ、これだったらどうかな」

と、違う方法で説明します。下手は下手なりにいろいろ考えながら教えます。この「ごめんね」とか「わりぃ、わりぃ」というボランティア講師の言葉に子どもはびっくりするのです。いままでは、「わからない自分が悪い」と思っていました。

「授業が下手くそでごめんね」とあやまる学校の先生はいないでしょう。「ちゃんと教えているんだから、わからないのは生徒の努力不足だ」と、先生も親も子ども自身も思っています。子どもたちにとって、勉強がわからないのは、「自分のせい」だったのです。

しかし、目の前の先生は、自分がわからないと、頭をかきながら

「どうやったらわかるかなぁ。教えかたが悪くてごめんね」

とあやまってくれる。ここに気がつくと「勉強」という言葉にもっていた嫌悪感から解放されます。ちょっとやってみようかな？　という気持ちになるのです。そのうちに、「教える→教わる」という一方通行ではなく「教える⇅理解する」という双方向の共同作業になります。「わかろう」と子どもも努力をするのです。最初は「無料の塾なんて」と斜めに構えていた子どもも

「こんなに一生懸命教えてくれるんだから、こっちも頑張らなければまずいな」

と思いはじめるのです。

学ぶことに主体性が出てくると、勉強も楽しくなるし、理解度も上がります。成績も上が

ってきます。私たちの学習会に通うと子どもが変わるのは、指導者の教える技術が高いからではなく、子どもの主体的な学びの姿勢を引き出すからなのです。そしてそれは、教え手が、どれだけ熱心に「その子のために」「あなたの成績を上げたい」と思うか、という熱意にかかっています。

無料学習会の本当の効果

前述の、2学期の定期テストで、数学0点から30点にあがったAさんはどうなったでしょうか。

学校の三者面談で、本人の希望通り

「農業高校に推薦でいきたい」

と伝えました。ところが、先生から

「あなたの成績では、全日制は無理。推薦を出してもどうせ落ちてしまう。家庭の事情でどうしても公立高校しかいけないのなら最初から、定時制の推薦にしたほうがいい」

と言われてしまったのです。

偏差値もそれほど高くない農業高校なので、当然推薦を出してもらえると思っていたのに、まさか先生から推薦を拒否されるとは考えてもいませんでした。

おそらく、授業態度や課題の提出なども芳しくなかったのでしょう。「推薦」では、学力以外の人物要素も多いに加味されます。たしかに定期テストで0点を取るような態度は、「勉強をする意欲がない」とみられてもしょうがありません。学校としては、自信をもって推薦できる生徒としてみられなかったのでしょう。

「定時制の推薦を受けるか、それとも勉強を頑張って一般入試で第一志望の高校にいくか？」

Aさん、ボランティア、スタッフで何度も相談しました。一般入試にすれば、もし落ちたときは、私立高校に通う可能性が高い。その経済的余裕はあるのか、保護者への確認も必要です。

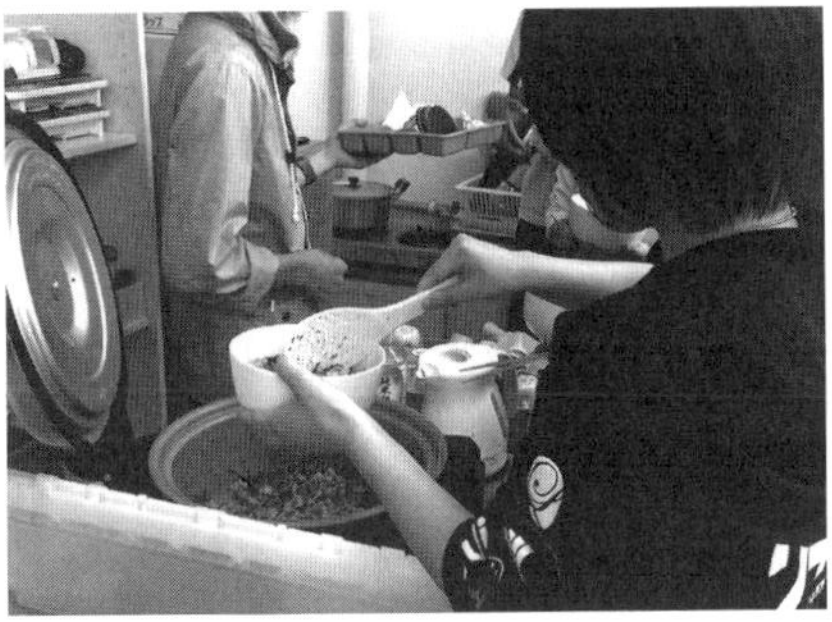

夕方の学習会には夕飯も出す

「かなり成績も上がってきたし、いまの調子で2月の入試まで勉強を頑張れば一般入試でも受かる可能性は高い。だけど受験勉強はしっかりしないと」

信頼するボランティアといろいろ話し合い、Aさんは、一般入試を頑張ることに決めました。担任の先生にその決断を伝えにいくと

「お前がそこまで覚悟を決めているのなら、推薦をだそう」

と言ってくださり、推薦入試を受けられることになった

のです。志望理由を何度も書きなおし、十分な準備をして望んだ推薦入試で、Aさんは合格を勝ち取りました。

学習支援というと、「勉強を教えることで成績が上がる」いわゆる塾のようなものをイメージする方が多いと思います。私も最初は、成績アップや受験合格こそが成果だと思っていました。しかし、無料学習会には成績アップ以上の効果があります。それは、社会を生き抜く力、ソーシャルスキルの獲得です。

ソーシャルスキル（社会技能）とは、社会のなかで他人と交わり、共に生活していくために必要な能力です。具体的には、コミュニケーション能力や、対人関係スキル——自分の気持ちをきちんと伝え、相手の話をきちんと聴いて理解し、わからないことを質問し、また相手の質問に適切に答える力、相手の立場や気持ちを想像する力、などです。もっとベーシックなところでは、約束を守る、決められた時間に到着する、必要な連絡を入れる、など社会生活に参画するための基本的な行動規範なども、困窮家庭の子どもたちには不足している場合が多々あります。

コミュニケーションのチャンスがない

ある家庭で、夫婦関係がうまくいかず、離婚をしてお母さんが子どもを引き取ります。日本では養育費の支払い率は2割以下です。そもそも夫がまったく稼がなかったり、お酒やギャンブルで浪費してしまったりということが離婚の原因となっているような場合もありません。実家に戻れれば経済的にも子育ての負担を祖父母と分かち合えますが、そうはいかない場合も多いのです。離婚の際には多くは母親が子どもを連れて家を出ます。新しい土地でアパートなどを借りて新生活をはじめるため、それまでのママ友や地域のコミュニティとの縁が切れてしまいます。

新しい土地では、ママ友や地域コミュニティをつくる時間がありません。子どもに食べさせるため、とにかく働きはじめなければならないからです。正社員になることがむずかしいため、やむなくパート労働で土日もなく働くような生活に突入します。離婚直後は、家庭環境も大きく変わるので、できればしばらくのあいだ、子どもとゆっくり関わりながら新生活を整えたいのですが、生活費を稼ぐためには、働きに出なければなりません。子どもにとってみれば、両親の離婚のショックに加え、新しい土地で、それまでの友達もいなくなってしまいます。私たちの学習会にくる子には、不登校の経験がある子どもも少なくありません。離婚後のさまざまなしんどさから一時期学校にいけなくなってしまうのです。学校で友達とトラブルを起こしたり、悪さをしたりする子もいます。学校に居場所がなくても経済的に厳しいので、塾や習い事も通えません。月謝の安い地域のスポーツ少年団なども、親が当番で参加しなくてはならなかったり、ユニフォームや合宿費などの経済的負担がネックになり、続けられません。

このような状況が続くと、まともに話したことのある大人は、自分の親とときどき話す学校の先生だけ、というような状態です。お母さんは、仕事と家事でとても忙しく、ゆっくり話す時間がありません。親でも先生でもない、昔ならどこにでもあった地域コミュニティ、たとえば近所のおじいちゃん、おばあちゃんや、八百屋や魚屋のおじさん、おばさんの存在が消えた地域の中で、貧困状況にある子どもも親もとても孤独なのです。

人と話した経験がとてもに少ないので、人ときちんと話せません。人の話をしっかりと聞くのも苦手です。勉強を教えてあげようとボランティアが話しかけても、ろくに返事もしないので「失礼な子ども」と見られがちですが、けっして悪気があるわけではないのです。日常生活の中で会話の経験が少なすぎるのです。挨拶をして気持ちが良かった体験がないと挨拶の大切さがわかりません。朝起きて「おはよう」を、寝る前に「おやすみなさい」を言う相手がいない、休みの日にはしゃべる相手が誰もいないのです。

相手の言っていることを理解する

そういう子どもが学習会にきて、勉強を教わるためにいろいろな人と話します。学習会のスタッフやボランティアは、学校の先生とはまったく違う存在です。気分がのらなければ、雑談にも付き合ってくれます。好きなスポーツ選手やゲームや、アイドルの話、部活の話や学校の話、家のことを話してくれるときもあります。そのような会話の積み重ねがソーシャルスキルのトレーニングになるのです。

学習会では、今日はどこを勉強したいのか、またはなぜ今日は勉強がしたくないのか、自分の意思や気持ちを伝えなければなりません。宿題をやってきたかを聞かれれば、答えなければならないし、なぜやらなかったか、言い訳もしなければなりません。学校では「宿題未提出」の記録が残るだけですが、私たちの学習会では、きちんと自分で説明しなければならないのです。こういう機会が子どものコミュニケーションスキルを成長させます。

ある学習会のスタッフが子どもたちのために、新しい学習方法を開発しました。「日本語の聞き取りトレーニング」です。生徒に宿題や持ち物などを伝えても、なかなかきちんとできない。宿題もやってこなかったり、忘れ物が多かったり。きちんと聞いている様子だが、実は、聞いたことがちゃんとわかっていないのではないか？　ということに気がついたのです。

聞き取りトレーニングは、英語のリスニングテストの日本語版とでもいうようなものです。ある程度の長さのある文章を、スタッフが2回読み上げ、その後用意された質問に回答をします。子どもたちが楽しんでできるように、文章には馴染みのあるスタッフが登場したり、近所のお店が出てきたりという工夫をします。予想した通り、最初の頃は驚くような珍回答もあり、間違いも多かったのです。しかし、回を重ねるごとに子どもたちも要領がわかってきて、正解できるようになります。このトレーニングをはじめてから、子どもたちとの会話がしっかり成立するようになりました。

コミュニケーションスキルを上げようとすると、つい「発信すること」に目がいきがちです。私たちも、自分の気持ちをきちんと伝えるように促したり、はっきりと正しく話すために発表の機会をつくったりしています。しかし、そもそも、何を言われているのか、ちゃんと聞き取れていないから、きちんと答えられないし、自信もてなかったのです。聞き取りトレーニングを導入したことで、子どもたちの書く力や考える力も着実に育ってきています。

家庭のなかの会話や、小さい頃の友達との遊び、ご近所との無駄話や、習い事の先生やコーチからの指導など、普通に生活していれば育めるはずの「相手の言っていることを理解する」力が、必然的に孤立してしまう困窮家庭では育ちません。親はものすごく忙しそうだし、学校の先生はクラスのみんなに語りかけるので、「自分に対して何かを言ってくれる」経験がとても少ないのです。それに応えることも求められないので、よくわからなくても聞き流すことが普通になってしまいます。

困窮家庭の子どもの成長過程にそんな罠があるとは、誰も気づいていなかったのではないでしょうか？

最初の頃は、話しかけても反応が薄くて「大丈夫かな」と思っていた生徒が、とても楽しそうにボランティアと話しているのを見ると、「多少勉強ができなくても、なんとか社会で生きていけるかな」
と、ちょっとほっとします。

非認知能力を育てる

⑴非認知能力

学習会にくることで、子どもたちが学ぶもうひとつ大事なことが「ちゃんとすること」です。「ちゃんとしなさい」とか「あの人はちゃんとしていないから」と良く使われますが、『ちゃんとする』とはどういうことなのか？」を、しっかりと教える時間や機会がない保護者に代わり、少し口うるさくなっても注意をしてあげるのも、学習会の重要な役目です。

最近教育分野で注目されている力が「非認知能力」です。読み書き計算のようなＩＱ（知能）で測れる力ではなく、「意欲」「協調性」「粘り強さ」「忍耐力」「計画性」などＩＱでは測れない内面の力の総称です。海外の研究で、ＩＱよりも非認知能力が社会的成功に結びつきやすいという説もあります。日本では、昔から「ちゃんとする」と言われてきた力が非認知能力だと私は思います。私たちは無料学習会で学力だけではなく、非認知能力の獲得も大事にしています。

⑵ちゃんと決められた時間にくる

私たちの学習会では、最初の頃は、とにかく遅刻が多いです。学校以外で、時間通りにどこかに通う体験がないので、時間の検討をつけて出る感覚が身についていないのです。いろいろ準備をしていると間に合わなくなって、遅刻になってしまいます。無料学習会なので、最初の頃は「なんで遅刻しちゃいけないのか？」と思っているような場合もあります。

「ボランティアさんは準備万端整えて君のことを待っているのに、遅刻してきたら失礼だよ」

とスタッフが伝えたり、ボランティアが

「なんで遅刻しちゃったの？」

と聞いたりします。

それまでは、自分のことをしっかりと待っていてもらった経験が少ないので、時間を守らないことが他の人に迷惑をかけている実感がないのです。スタッフに注意されて初めて

「時間通りにこないと悪いなぁ」

と気がつきます。そして次からは、ちょっと遅れて走ってきたりするようになるのです。ほとんどの子は、半年も経つとしっかりと時間前にくるようになります。これができれば、アルバイトや仕事でも、まず最初の信頼は得られるでしょう。

(3)ちゃんと欠席や遅刻の連絡をする

キッズドアの学習会は、出席を非常に重視しています。とにかく学習会にこなければ成績は上がらないし、受験に合格もできません。極端な話、勉強しなくてもいいから、まずは学

習会にくることが大事です。そのために、多くの学習会で、毎回学習会の前には、保護者にメールで出欠確認をとっています。

「今週は学習会があります。□時からいつもの○○会場です。××日までに出欠をご返信ください」

まず、最初はこの出欠のお返事がなかなか来ません。保護者が忙しくて、やり過ごす癖がついてしまっているのです。私たちは、メールで返事をもらえなければ、電話をかけて出欠を確認します。保護者は夜遅くまで働いているので、中々連絡が取れない場合もありますが、それでもお返事をお願いします。これも3カ月ほどするとたいていの保護者から、しっかりとご返信をいただけるようになります。あきらめずに、やりつづけることが大事なのです。

親に行くと言いながら、学習会に来ない子どももいます。私たちの学習会は、土日が多いので、お母さんは

「今日は、学習会があるんだからちゃんと行きなさいよ」

と、まだ寝ている子どもに声をかけて、仕事に出かけなければなりません。ちゃんと行っているかどうか、気になっても仕事は休めません。

出席の連絡をもらっているのに、30分たっても来ない子どもがいれば、学習会のスタッフが保護者に電話をします。まだ、寝ていたり、友達と遊びにいっていたり、誰にでもあるたわいないことがほとんどです。

罰が悪そうに遅刻してきた生徒に
「心配したよ。事故にでもあったんじゃないかと思って」

と、声をかけるとびっくりします。まさか、自分が休むことでそんな心配をかけていると は思いもしなかったのです。

「あいつは来ないから」

「いつものことだから」

といままではやり過ごされてきたのでその癖がついているのですが、ちゃんと来ることを期待されているとわかると、子どもはそれに応えてしっかりと通うようになります。

⑷ちゃんと勉強をやりきる

勉強が嫌いで、家で勉強する環境も整っていないので、学習会で宿題を出しても最初はまったくやってこない生徒も多いです。学校の宿題は出さなくてもすんでしまいます。ただ、成績が悪くなるだけで、放課後に残されるようなことも最近はあまりないようです。私が小学生の頃は、小学2年生で九九ができなければ、できるまで何日でも学校に残されました。漢字の小テストは合格しなければ、放課後残って再テストでした。そういう学力の保障がいつの間にかなくなってしまっているようです。

2年生で習う九九が習得できない子どもに、3年や4年で九九を再度教える仕組みは、現在の一般的な学校教育にはありません。ですから2年生で九九ができなければ、塾にいかなければ中学生になっても九九ができないままになってしまいます。

私たちの学習会では宿題を出しますし、小テストなども行います。できなければ再テストや残り勉強をする学習会もあります。子どもたちは「やりっぱなし」「できなくてもいい」と思っているので、最初は嫌がったり、反抗したりします。しかし、努力をして「7の段」がすらすらと言えるようになったとき、最初は0点だった英単語のテストで半分正解できるようになったとき、漢字テストで満点を取ったときに、子どもたちは学力以外の「達成感」を体験します。

楽しく語る場

「今までできなかったことが、努力をしてできるようになる」

そのことで、自分もうれしいですし、勉強を教えてくれたボランティアやスタッフが喜んでいる姿を見て、「努力する」意味を知るのです。

そのほかにも、ちゃんと忘れ物をしないで来る、ちゃんと学習時間は学習する、ちゃんと挨拶する、ちゃんとお礼を言う、ちゃんとまっすぐ帰る。言われてすぐできるようにはなりませんが、私たちは言い続けます。そして最後には、みんな、学習会にくる前と比べれば見違えるほど「ちゃんとする」のです。無料学習会は社会で生きるために重要な「非認知能力」を学ぶ機会なのです。

勉強嫌いのレッテルを貼らないで

「勉強嫌いな子に、無理して勉強させなくてもいいんじゃないの？」

これも私たちがよく投げかけられる質問です。

本当に、心から勉強が嫌いな子はいるのでしょうか？

私たちが、もう4年ほど、土曜日に補習をさせていただいている高校があります。全日制普通科の高校ですが、中退率も高く、地域でもあまり評判の良くない学校でした。経済的に厳しいご家庭の割合も高いということでした。何回かキャリア教育の授業をさせていただいたのですが、それだけでは、なかなか生徒は変わりません。

「先生、補習をしてみませんか？」

私たちは、学校に提案しました。

「補習って、勉強ですか？　キッズドアさんがやってくださるならやりたいですが、うちの生徒で、わざわざ土曜日に勉強しにくるような生徒はいるかなぁ」

ご担当の先生は、生徒想いの非常に熱心な先生でしたが、当時はその先生でも、二の足を踏むような提案だったようです。

「いいんですよ、一人でも二人でも、まずはやってみましょう」

そんなやり取りで、土曜日の補習がはじまりました。

最初の年は、たしかに参加生徒は少なかったのですが、先生が熱心に声をかけてくれたおかげで、7～8人の生徒が集まり勉強しました。そのなかから無事に大学に進学した生徒もおり、

「来年も希望する生徒さんがいるのなら、ぜひ続けましょう」

と話して、初年度は終わりました。

ところが、2年目から生徒が激増したのです。年度初めに、高校1年生に参加希望を募ったところ、100名を超える生徒から申し込みがあったのです。部活との兼ね合いなどを確認し、最終的に40名の生徒が残りました。

「この40人が最後何人残ってくれるかなぁ」

夏休みが過ぎると、退学したり、学校に来なくなったりする生徒も多いので
「半分くらい残ればいいね」

などとスタッフとも話していました。

しかし、夏休み以降も生徒は減りませんでした。3年目は、もち上がった高校2年生と新しく入った高校1年生で70～80人、4年目にはさらにもう1学年が加わり、試験前などには、参加者が150人というようなときもありました。

最後には、学校の先生も参加してくださり、補習用のプリントをつくってくださり、指導もしてくれました。

「土曜日にわざわざ勉強しにくる子がいるかしら」

と心配していたのが嘘のように、部活の練習試合の前に補習にきて、

「これから練習試合なので、途中で失礼します」

と抜けていく生徒もいたのです。

普通科の最底辺校と言われていた高校にくる子どもたちは、中学校でも成績はかなり低く、勉強することをまったく期待されていないような子どもたちです。

「お前は馬鹿だな」

「どうせ、できないんだから」

とレッテルを貼られ、子ども自身も
「どうせ、自分は馬鹿だし、勉強嫌いだし。勉強なんかしたってしょうがない」

と思っています。

私たちがやったことはそんな子どもたちに、普通の高校生と同じように
「高校生なんだから、ちゃんと勉強しないとね」

と、勉強の機会をつくっただけです。特別な先生が教えるわけでもないですし、生徒が多いのでマンツーマン指導もできません。「土曜日補習」という場を用意しただけなのです。

生徒を「変えた」のではありません、生徒が「変わった」のです。

安心して学ぶ場をつくれば、子どもは誰でも学びたいのです。テストの成績が悪くても、問題を間違えても安心して学び続けられる場をつくれば、子どもは喜んで学びます。成績が悪いから勉強をしなくてもしょうがないと、子どもにレッテルを貼らずに、勉強するチャンスを与え続けることが大事なのです。

発達障害や不登校と子どもの貧困

日本では、学校現場での発達障害などの特性をもつ子どもへの対応が残念ながら十分とは言えません。30人もの子どもを一人の担任の先生が見るという教室運営で、そもそも特性のある子どもに気がつかない、また、実はちょっと気になるけれど、時間がないのでそれ以上踏み込めないという声も聞きます。

保護者がじっくり子どもと向き合える環境なら、保護者が発達障害などの特性に気づき学校側に相談し、その子にあった教育につながるチャンスも広がります。保護者に経済的余裕、時間的余裕があれば、学校で補えない部分を専門の教育機関で補えます。しかし、そうでない場合、学校でも家庭でも気づかれず、また気にはなりつつも特別な対応ができずに時間が経過していきます。

ホームレスの方々を調査すると、発達障害の方がとても多いそうですし、少年犯罪と発達障害の関連なども言われています。たまたま裕福な家に生まれれば、発達障害や学習障害があっても早くから対応されきちんとした人生が送れるのに、貧困な家庭に生まれたばかりになんの対応もされず不幸な人生に陥ってしまうのは、本人にとっても、社会にとっても大変不幸なことです。

家庭環境によらずに、子どもの特性に向き合える社会が一日も早く実現してほしいと切実に思います。このようなことに思いいたった事例をひとつご紹介します。

ボランティアが発見したつまずきの原因

「小学校の頃はそれほどでもなかったんですが、中学校になったらだんだん成績が下がってきてしまって。最近は学校も休みがちなんです」

新しく学習会に紹介された中学3年生のCさんについてケースワーカーさんは、そう事情を話してくれました。母子家庭で、お母さんは体調が悪くあまり働けないというご家庭でした。お母さんは自分の不甲斐なさを感じられているうえに、Cさんの成績がどんどん悪くなってしまったので、将来を悲観してますますご病状が悪くなってしまったそうです。Cさんも、なんとかお母さんのためにと勉強を頑張ってみるのですが、努力しても成績は上がらず、自分の成績が原因で、お母さんの病気が悪くなるという悪循環でCさんも不登校気味になり、悪いほう、悪いほうに転がっているということでした。とにかく、家でお母さんと二人きりというのは良くないので、勉強しないかもしれないが、学習会にはできるだけ来させたいということでした。私たちももちろん大歓迎で、学習会に通ってもらいました。

中学3年生なので、できれば公立高校に進学してほしい、というのが本人も含めたみんなの共通の思いでした。ボランティアがマンツーマンでつき、学習会に通ってもらいました。幸い、学習会の雰囲気はCさんにあったようで、毎回休まず通ってくれました。しばらくして、Cさんをよくみていた学生ボランティアから私に相談がありました。

「渡辺さん、Cさんなんですが他の勉強は普通にできるのに、英語だけがまったくできないんです。何度やっても英語の単語を覚えられないんです。せっかく覚えても、次の週には忘れていたりして、他の科目に比べると極端に英語だけダメなんです」

皆さんはディスレクシア（識字障害）という学習障害をご存じでしょうか？　知的能力及び一般的な理解能力などにはとくに異常がないにもかかわらず、文字の読み書き学習に著しい困難を抱える障害です。日本では中学校で英語の読み書きが入ってくるとたんに困難を示す場合があるとも報告されています。日本では認知度が低い障害ですが、アメリカでは、有名俳優や映画監督も自らディスレクシアであることを公表したりしているメジャーな学習障害です。欧米では人口の10～15％がディスレクシアだと言われており、日本でも5～8％とも言われています。しかし、日本の教育現場ではまだまだ認知度が低く、特別な配慮があまりありません。

「もしかしたら、ディスレクシアではないか？」と思い当たり、ボランティアとその可能性がないか調べてみました。私たちは専門家ではないので、診断をつけることはできませんが、どうやら、その可能性はかなり高いと判断しました。原因らしきものがわかったうえで、この状況をどう乗り越えるかを考えました。

残念ながら日本の高校受験では、ディスレクシアに対して特別な配慮を受けることはかなりむずかしい状況です。彼は診断を受けているわけでもありませんし、今から診断を受けても受験には間に合いません。受験で配慮してもらうのは無理だと判断しました。幸い、英語を除けば、他の科目は、それなりに得点できました。英語は、リスニングと記号選択のまぐれあたりにかけ、いっさいの英語の勉強をやめ、他の４教科で志望校の合格をめざす方針に切り替えました。

そしてＣさんは無事に公立高校に合格しました。

この４教科作戦を行うためには、Ｃさんにこの障害の可能性があることを伝えなければなりません。障害があると言われてうれしい人はいないでしょう。まして医師でも専門家でもないスタッフやボランティアからそんなことを言われて、Ｃさんが傷ついてしまうのではないか？　と、私たちも悩みました。しかし、背に腹は変えられません。Ｃさんが一番信頼を寄せているボランティアに伝えてもらうことにしました。

「英語ができない、英単語が覚えられないというのは、あなたの努力不足ではなくて、どうやら、脳の特性みたいなものらしい。頭が悪いというわけじゃなくて、脳みその癖っていうか、得意不得意みたいなもんらしんだよ。数学や他の勉強はできるけど、とにかく英語は向いてないみたいなんだ」

こんな調子で話してもらいました。

Cさんの反応は意外でした。自分に障害があると落ち込むのではなく、逆に、スッキリしたようなのです。おそらくCさん自身も、なぜこんなに頑張って勉強しているのに、全然できないのかと不安に思っていたのでしょう。親に相談することもできません。自分はこの先ちゃんと生きていけるのか、将来に不安を感じ、途方にくれていたのでしょう。それがどうやら、自分の努力不足でも、知的障害があるわけでもなく、「英語だけがダメで他は問題ないらしい」とわかりました。自分は普通だ、大丈夫だと、さぞ安心したのだと思います。

受験の戦略も決まり、それからの数カ月、受験勉強に励み、みごと志望校に合格しました。

新年度になると、行政の担当者からご相談がありました。

「学習会は、中学生までだが、高校生にも対象を広げられないでしょうか？」

せっかく高校に受かっても、不登校になったりしてはもったいない。慣れない学校と、調子の良くないお母さんとの家庭だけではなく、彼が大好きな学習会という居場所を残したい、ということでした。もちろん、私たちとしては大歓迎です。Cさんは、高校に入ってからも頻繁に顔を出して高校生活の話をしてくれました。高校では友達もでき、クラス委員などの役割も担っているそうです。中学の不登校がうそのように、高校生活を楽しんでいました。

「先生、アルバイトが決まったから、これからあんまり学習会に来られなくなっちゃうかもしれない」

ある日のCさんの言葉に行政担当者も驚き、そしてとても喜びました。実は、生活保護家庭で育った子どもが、結局自身も生活保護等の困窮状態になってしまう割合は高いのです。まさに貧困の連鎖です。中学校で不登校だった子どもがちゃんと高校にいって、アルバイトをはじめる。将来の自立の可能性が飛躍的に高まったのです。

しかし、高校に進んでも、Cさんのディスレクシアという障害が治るわけではありません。

「今でも、英語の授業は本当に苦痛だって言ってました。ずっと携帯を握りしめて、わからない単語を調べながら、いつ指されるかとヒヤヒヤしているそうです。なんとか、赤点取らずに、留年や中退しないで卒業してくれるといいですが。本人の努力ではどうにもならないんだから、なんとかもうちょっと、どうにかならないんですかね」

ディスレクシアを発見したボランティアが、Cさんの高校生活を心配して私に教えてくれました。高校は、義務教育ではないので、成績が一定レベルに達しなければ、留年や中退になってしまいます。Cさんのような生徒が中退にならないように、日本の学校でも発達障害や学習障害への理解や配慮を急いで進めなければならないと思います。

貧困と不登校やいじめ

発達障害や学習障害だけではありません。増え続ける不登校と貧困にも強い関連があります。東京都板橋区の調査では、生活保護を受ける家庭の中学生の不登校発生率は約12％ととても高いそうです。就学援助を受けていない家庭の4・8倍といいます。

私たちは、スクールソーシャルワーカーの方々と連携しています。まだ活動をはじめたばかりの頃は、私たちも不登校と貧困が結びついているとは思っていませんでした。あるスクールソーシャルワーカーから、

「私たちが対応している不登校のお子さんを、無料学習会にいかせたいのだが、対応可能ですか」

とご相談を受けました。

「不登校のお子さんにもぜひきてほしいのだが、無料学習会は『経済的に困窮していて有料の塾にいけない』子のためというコンセプトなので、裕福なご家庭の不登校のお子さんの場合はどうしたらいいでしょうか？」

と尋ねると

「大丈夫。私たちがみている不登校のお子さんのご家庭は、間違いなく貧困です」

と即答されました。現場で携わっている方はずっと前から不登校と貧困の関連をわかっていたのです。

私たちは児童養護施設の学習支援をさせていただいたこともあります。施設にもよりますが、発達障害をもっているお子さんの割合が高いと感じたので、あるとき、施設の職員さんに思い切って尋ねてみました。

「児童養護施設にいらっしゃるお子さんに発達障害のお子さんが多いように思うのですが」

「その通りです。残念ながら、本当に悲しいことですが、障害のあるお子さんが原因で離婚されたりするんです。お母さんが障害のあるお子さんを引き取ってなんとかしようとするんだけど、結局どうにもならなくなってここにきたりするんですよ」

自分の障害が原因で、両親が離婚したり、お母さんが苦労したり、その結果自分が施設に入るようになってしまうのです。学習会にくる子は、学校でいじめられた経験をもつ子もけっして少なくありません。

発達障害、不登校、いじめ、そして貧困。弱いところがひとつあると、そこからどんどんと、いろいろなダメージが重なっていくのです。負の連鎖がなぜこれほど広がってしまうのでしょう？　経済的基盤はもちろん、学校現場での配慮、地域社会での支援など、もう少し真摯に子どもに向き合えば、ここまでひどくなる前に、子どもたちを救えるはずだと思うのです。

現在の活動

わたしたちＮＰＯ法人キッズドアが、２０１０年にはじめた無料学習会は、いまでは東京都内、そして宮城県に広がっています。東日本大震災のあとでは岩手や福島でも活動し、福岡でも現地のＮＰＯ法人と連携して学習支援を立ち上げました。２０１６年は、１５００人以上のお子さんたちに定期的な学習支援を行うことができました。活動には１２００名以上のボランティアが参加してくださり、多くの企業や個人からご支援をいただいています。２０１７年はさらに広がっています。

そして、私たちだけでなく、日本全国、さまざまな地域で、ＮＰＯや地域の有志、自治体や社会福祉団体が学習支援をはじめています。

みんなで書いた受験生への応援メッセージ

わたしたちが最初に勉強を教えた中学3年生は、すでに高校を卒業し、大学や専門学校に進学したり、しっかりと働いている子もいます。けれどもすべての子どもがハッピーになっているわけではありません。残念ながら高校を中退してしまった子もいます。

日本のいろいろな地域から、「うちにも来てくれませんか？」「キッズドアの学習支援はこちらの方面ではないんですか？」「うちの施設でも学習会をやってもらえませんか？」とお声をかけていただくのですが、力不足で、お断りしなければならないお話も多いです。

自分たちの力不足を感じながら、それでも、何もしないよりは、ずっといいと信じています。とにかく、目の前の子どものために必死になる、そういう大人が日本全国に増えれば、子どもを産み育てやすい社会が実現します。

やればやるほど子どもは変わる。やればやるほどいい。

そう信じて、私たちは今日も活動を続けています。

第4章

私たちが大事にしていること

NPOをはじめたきっかけ

「渡辺さんも離婚されているんですか？」
仕事関係で初対面の方に良く聞かれる質問です。最初に聞かれたときは、かなり驚きました。妻や母の仕事を完璧にこなしているとは思っていませんが、家族の理解のもとに仕事をしています。離婚もしていません。
「なんで、そんなこと聞かれるんだろう？　離婚相とか出てるのかしら？」
と不思議に思いながら
「いや、おかげさまで主人がおります」
と答えると
「そうなんですか。こういうことやられている方は、ご自身も離婚されていたり母子家庭だったり、という方が多いので」

社会福祉の現場では、困っている当事者同士が集まって支援活動を行っている団体が数多くあります。たとえば、障害のあるお子さんの保護者が集まってつくっている団体や、特定の病気の患者やその家族が主体となっているような団体です。子育て中のママが集まってつくるママサークルなども、ある種の当事者団体といって良いでしょう。
私がよく講演などで

「ひとり親家庭の貧困率はとても高いのです。母子家庭のお母さんはみなさん、ダブルワーク、トリプルワークで働いているのにパートだから収入が増えないだけで、けっして怠けているわけでありません」

と、ひとり親家庭、母子家庭を擁護する発言をするので、私自身も離婚をしている当事者なのでは、と思われるのでしょう。

次によく聞かれるのは

「大学は教育学部ですか？　それとも福祉系？」

という質問です。残念ながらこれもどちらも違います。私は、工学部で工業デザインを学び、卒業後は、大手百貨店の販売促進部に入り、毎日どうやってお客様に買っていただくか、売上目標を達成させるか、という福祉とはほど遠い世界で仕事をしていました。まさか、自分がＮＰＯの代表をやるとは、これっぽっちも思っていませんでした。恥ずかしながら学生時代は当時流行りのテニスとスキーのサークルに入って一生懸命遊んでおり、ボランティアもしていません。

そんな私がＮＰＯをはじめたのは、自分が子育てをしているなかで、

「日本の子育てって、本当にものすごくお金がかかるよなぁ。これ、うちはなんとか出せるからいいけど、出せない家庭だってあるよなぁ」

という単純な発見からです。さらに1年間のイギリスでの子育て経験で、これは「日本の

子育ての社会課題」だと認識しました。イギリスでは子育てにかかる費用は社会が平等に負担し、保護者に過度の負担を強いない仕組みでした。日本に帰ってきたら親の経済力と子どもの成長のチャンスの不平等がとても気になるのです。実際、子どもの友人のなかに、お子さん自身はとても魅力的で素晴らしいのに、家庭環境のために不登校になったり、輝きを失う子を目の当たりにして、

「なんか、おかしい。お金がないからって将来を失ってしまうなんてもったいない」

と思ったのです。

最近は、「社会課題を解決する」とか「ソーシャルビジネス」などとも言われていますが、私は活動をはじめるときには「ＮＰＯ」という存在があることすら知りませんでした。ＮＰＯをはじめたのも、「貧困な子どもがかわいそう」という福祉目線ではなく、「こんなに才能があるのにもったいない」というそんな想いからでした。

最高の魚の釣りかたを教えたい

たしかに、貧困状況にある子どもたちの日常はなかなか厳しいものです。

「大変だなぁ」

と思うことも多いです。しかし、冷たいようですが、その大変な状況を私たち一市民団体が変えることはできません。

家が狭い、食費が厳しい、親が働きづめで面倒を見られない、きょうだいの面倒を見なければならない、親が外国人なので日本語がわからない、というような状況は簡単には変わりません。子育て世帯に手当をたくさん出したり、住宅費の補助を出したり、と問題を解決するためには莫大なお金がかかります。私は、次世代育成や少子化解消の観点からも、子どもや子育てにもっと税金を使うべきだと思っていますが、日本全体としてそちらに舵を切るのはもう少し先になりそうです。給付型奨学金の創設など少しずつその方向に向かってはいますが、大転換まではまだまだ時間がかかりそうです。

できないことを嘆いても何も進みません。だったら、自分たちができることをどんどんやっていけばいいのです。

「たしかに、お金がなくて大変だと思うけど、私たちは勉強する場を用意したんだから、ちゃんと勉強しよう。お金がないことを勉強できない理由にするのは、おかしいよね」

というスタンスで子どもたちに向かいます。

かわいそうな子どもたちと哀れみをかけるのではなく、

「家は大変だけど『あなた』は別に、病気だったり何か障害があったりするわけじゃないんでしょ。勉強できるで

キッズドア設立当初に行った写生会

しょ。サボっているだけでしょ」

と、普通の家庭の子どもと同じように接します。

私は良くスタッフにこう言っています。

「この子たちは、たしかに厳しい環境にいるけれど、残念ながらその環境を変えることは私たちにはできない。いつまでも子どもたちに寄り添って自立を支えることもできない。高校に入ったら、この学習会を卒業したら、子どもたちはサポートなしで、社会を生きていかなきゃならない。高校に入っても、家庭環境が劇的に改善するわけじゃないから、大変な状況はずっと続く。だから何でもやってあげるんじゃなくて、なんとか自分で困難をのりこえていく力をつけてあげるのが大事なんだよ」

お腹が空いている人に、魚をあげるのか、釣りかたを教えるのか、という例えでいえば、最高の釣りかたを教えたいのです。釣れるまで待つ忍耐力とか、どこに魚がいるかを察知する情報収集力とか、生き延びる知恵としての釣った魚の保存法とか、くじけそうになったときに鼻歌を歌ったり、隣の人に相談してみるというような危機からの脱出方法とか、そういう力を伝えたいと思っています。

嫌でも苦手でも逃げずに勉強する習慣、効率の良い勉強の仕方、わからない時にわからない点をきちんと説明して教えてもらう方法、試験の緊張感を乗り越える精神力、めちゃくちゃ悪かった模試の結果をなんとか受け止めて前に進む強さ。学習支援を通して、そんな体験を一つひとつやり遂げてほしい。私たちは時にボロボロになりながら前に進む子どもたちの背中を押す役割なのです。けっして手を引いてリードするのではありません。子どもはなんとか、自分の足で進んでいってほしいのです。どんな子どもも、自分で歩く力をもっていると信じています。他人と違ってもいい、自分の歩き方を見つけてほしいと願っています。

お金のあるなしと人間の優劣は関係ない

世の中には、「お金がたくさんあることが良いことで、お金がないことは悪いこと、恥ずかしいこと」と勘違いしている人がいます。低所得の子どもたちのなかには、「お金がないから自分はダメだ」と思っている子が少なくありません。

「お金がないことと、人間性の優劣はまったく関係がない。お金持ちだって悪い人、ダメな人はいっぱいいるしね。お金がないことを恥ずかしがる必要なんてまったくないんだよ」という正しい認識を伝え、自分に自信をもってほしいと思っています。

「貧乏が問題なのではなく、あなたがどういう人間か、が問題なのだ」と自分に向き合ってもらいたいのです。お金がないから勉強できないのではなく、「お金がないことを勉強しない理由にしているだけ」と気づいてもらうのです。まずは、自分の状況を認識して受け入れて、そこから逆転をめざす、強い意志を育てたいのです。

学習会にくる子どもたちは、たしかにお金はあまりないかもしれませんが、お母さん・お父さんは子どもの幸せを誰よりも願っているし、ちゃんと住む家があって、寝る場所もあるし、なんとか携帯電話ももてる、学校にもいける、というような子どもがほとんどです。全然「不幸」ではありません。

家で勉強する場所がないとか、親に勉強を見てもらえないとか、塾にいけないという「不便」な状況ではありますが、けっして「不幸」ではないのです。時にメディアや支援を考えてくださっている方々に「かわいそうな子どもたち」「不幸な子どもたち」という虚像を求められ、戸惑うことがあります。

長らく日本では、子どもの支援というと「発展途上国の子どもの支援」を指していました。食べ物もなく不衛生な環境で死んでいく子どもたちと比べれば、たしかに日本の子どもは「貧困」ではないかもしれません。戦後を知っている方から見れば、いまの子どもは貧困ではないかもしれません。

実は先進国の貧困は「相対的貧困」、発展途上国は「絶対的貧困」と指標が異なります。絶対的貧困が、1日1・9ドル以下の所得で暮らすというように絶対的基準で決められているのに対して、先進国で用いられる相対的貧困率とは、社会の標準的な所得の半分以下の所得しかなく、「周りの人は当たり前にできている生活が、お金がないためにできない」という状態をさします。高校生はスマホをもっているのが当たり前の時代に、「スマホは贅沢品だ」と糾弾すれば、貧困な子どもたちは萎縮します。貧困な家庭が孤立するのはそのような「貧困」に対するまちがった認識も大きな原因です。

私たちが支援をしているのは、かわいそうな子ではなく、「困っている子」であり、「困っている家庭」です。本来、もう少し行政の支援が整っていれば、けっして困らなかった家庭とも言えます。学校の勉強ができない、受験が心配だけど塾は無理、勉強の仕方がわからない、勉強する場所がない。私たちは、そんな「困った」を手助けしているのです。

困窮家庭の子どもたちも、自分の力で歩けるのです。ただ、歩き方を知らなかったり、歩くチャンスがなかっただけです。ちょっと背中を押す、優しく背中を押し続ける。私たちは、そんな存在になりたいと思っています。

「成績向上」にこだわる理由

「どうやったら、この子の成績が上がるか?」

私たちのスタッフやボランティアが行っているミーティングの多くは、このテーマです。困窮家庭の子どもの学習支援をする団体も増えてきましたが、私たちほど「成績向上」にこだわっている団体はそれほど多くないと思います。

困窮家庭の子どもは家庭の居心地が良くない子もいるので、「まずは居場所をつくることが重要だ」という意見もあります。たしかに居場所は大切ですが、そこに「いる」だけでは、状況は好転していきません。彼ら彼女らの未来につなげるためには、社会を生き抜く「力」が必要です。その「力」が「教育」だと私たちは考えています。

「キッズドアのボランティアは、決められた曜日に決められた場所にきて、子どもに勉強を教える、という活動ではありません。目の前にいる子は、このままいくと貧困の連鎖に陥ってしまう可能性が高いので、なんとか勉強を教えて成績を上げる。どんなに成績が悪くても高校に入学させる。そういう目的を達成するための活動です。だから、大変なんですけど、創意工夫してぜひ、成績を上げてください」

いまではあまり出番はないのですが、私はボランティアに説明するとき、このようにお伝えします。学力向上は目的ではありません。貧困の連鎖からの脱出が目的であり、そのためには学力向上は欠かせないのです。

「勉強だけがすべてではない」

「勉強も大事だけど、人間力も大事」

もちろんその通りです。しかし、多くの子どもにとって、勉強がまったくできないのはコンプレックスであり、自己肯定感を押し下げます。

学習会に最初にきたときは、

「私は、勉強嫌いだし、高校なんかいかない」

と言っていた生徒も、どうにか高校に合格すれば、うれしそうに制服を見せにきてくれます。

私たちの学習会に通う生徒は、英語の成績がとても悪いのです。模試でも数学や他の教科ではそこそこの成績なのに、英語は10点というような子も少なくありません。英語は、高校入試でも重要ですし、その先大学進学を見据えれば、文系でも理系でも英語は必ずあります。仕事をするうえでも、英語ができるとできないでは、選択肢も収入にも差が出てくるでしょう。グローバル化が進むこれからの時代に、英語ができればチャンスはどんどん広がります。

「なんとか、英語をできるようにしたい、英語を好きになってほしい」と英語だけの無料学習会「English Drive」をはじめました。

「うちの生徒が英語ができなくて困っているんですよ」

というと、

「でも、英語ができなくても生きていけるから」

と、優しい言葉をかけてくれる方もいらっしゃいます。が、その優しさが子どもたちの未来を狭めているのかもしれません。

私は、自分の子どもにも、

「他の教科はさておき、英語だけはやっておいたほうがいい」

と常々言っています。だから同じように、うちに通ってくる子どもたちにも

「英語だけはやっておいたほうがいいよ。外国にいくチャンスもあるかもしれないし。仕

事の幅も広がるよ。給料の高い仕事につけるかもしれないし」

と、口を酸っぱくして言うのです。

今でもたまに現場へ行くと
「ちゃんと勉強してる?」

「テストの成績どうだった?」

「勉強したほうがいいよ」

「じゃ、しっかり勉強してね」

と、「勉強しろ、勉強しろ」しか言っていません。

子どもたちにとっては、

「あんまりよく知らないおばさんがきて、勉強、勉強ってうるさいなぁ」

と思っているでしょう。

どんなにうるさく思われてもいいのです。変なおばさんで結構。

「勉強しなさいね」

と、学ぶことをあきらめないように、自分の未来をあきらめないように声をかけ続ける存在が必要なのです。

ボランティアの力

さて、ところが、「成績を上げる」というのが、本当にむずかしいのです。私たちも試行錯誤の繰り返しです。中学3年生でも九九や四則演算の復習から、英語なら単語の覚え方からという子もめずらしくありません。市販の教材はどれもむずかしく使えない場合も多いのです。学校のワークやドリルは毎回テスト前に答えを写して提出する、勉強ではなく、ただの「作業」になっています。

そんな生徒たちのために、学生や社会人のボランティアが力を注いでくれます。学力レベルに合った学習方法の開発、小テストや授業プリントの作成、志望校探しや受験情報の提供、推薦試験対策としての面談や作文演習などなど。もちろんこれは子どもたちの指導時間以外の時間を割いてやってくれるのです。なかには徹夜で取り組んでくれるボランティアの方々もいます。

教材だけではなく、学習会の設計にも工夫を凝らしてくれます。最初から勉強だと子どもたちも楽しくないので、最初はボランティアと子どもたちが仲良くなるワークショップを行うときもあれば、刺激を与えるために「なぜ勉強するのか？」を講義することもあります。大学見学に連れ出したり、先輩である高校生にきてもらって高校生活について話してもらったりもします。夏期講習、冬期講習、定期テスト前の特別講習、入試の過去問を使った過去問模試など、できることはなんでもやります。生徒一人ひとり、学力レベルも違います。成績のほかに、家庭環境、部活の状況、志望校などを記入した個別指導カルテをつくり、随時アップデートしています。

自分の成績を上げるために、これほど多くの人が、ボランティアで取り組んでくれることに、子どもたちは感激します。こんなに応援されたのは、生まれて初めての体験なのです。「キッズドアの学習会は、自分の受験を応援してくれる場所。こんなに応援してくれるんだから、自分も頑張んなきゃな、って思う」

家では、親があまり自分の勉強に関心をもってくれない、「勉強なんかしたって、いいことないよ」と親に言われていた中学3年生の女子生徒が言っていた言葉です。

たしかに、家に居場所がない子もいます。事情を聞けば、「勉強なんて、とてもとても」という状況の生徒もいます。

だからこそ、私たちは「どうやったら、この子の成績が上がるか?」に、ますます真剣になるのです。

一番大変な子こそ、なんとか勉強を頑張って、貧困の連鎖から抜け出してほしい。その想いは必ず子どもたちに届きます。

それでも子どもは親を待っている

私たちの学習会では、保護者との連絡を大切にしています。忙しくて連絡がなかなかとれないご家庭もありますが、そういうご家庭にこそあきらめずに連絡します。

それは「あなたがこの子の保護者なんですよ」と自覚をもってもらう機会にもなっています。

子どもがある程度大きくなると、それほど手間暇をかけなくても日常は回っていきます。小学校の頃のように、宿題のチェックをしたり、学校への提出物が毎日のようにくるわけでもなく、学校行事や保護者会で学校にいく機会も減ります。目の前のことに精一杯で、子どもの勉強や進学、将来の夢を考える余裕を失ってしまいます。

「とりあえず毎日学校にいっているし、なんとかどこかの高校に入ってくれれば」

と思うのも無理はありません。

「高校のことは、子どもに任せているので」とか

「学校の方にお任せします」

という言葉は、一見、子どもの自主性を尊重しているようですが、それを寂しく想う子どもも実は少なくありません。忙しすぎるからしょうがないのかもしれませんが、私たちは、どんなに忙しくても、保護者としてお子さんと向き合ってほしい、と思います。

学習会の出欠を子どもに確認するだけですが、

「○○ちゃん、今週も学習会参加できるよね？」

という、子どもと話すきっかけにして欲しいと思っています。

「そうか、部活の試合なんだね。ところで試合出れるの？」

「学校の行事があるのか、いつまで。その後は学習会にいける？」

そういうやりとりをしながら、親としての関わりをもち続けてほしいのです。

どんなに、スタッフやボランティアが子どもたちのことを思っても、親に叶うはずがありません。親に褒められるのは、スタッフやボランティアに褒められる10倍も１００倍もうれしいのです。学習会に通うことで、「親子の絆」を少しでも深められれば、少しでも幸せな親子が増えればと、スタッフは毎日、メールや電話、そして親子面談をしています。

他機関との連携

複雑な問題を抱える子どもやご家庭は、私たちだけではケアしきれません。関係機関との連携が不可欠です。不登校気味の生徒さんであれば学校や保健室の先生との情報交換が有効です。複雑な家庭環境であれば、子ども家庭センターや行政の担当者との連携が欠かせません。経済的に非常に厳しいご家庭であれば、受験の費用、進学の費用の用意も気になります。貸付などを受けるにしても、早めの手続きが必要なので、適切な時期に、確実に情報を届けなければなりません。

「最近、友達ともめていて、学校あんまり行ってない」

「お母さんが仕事やめちゃったから、高校のお金とか大丈夫かな」

「お母さん、最近体調悪くて、仕事も休んでるし。病院とかお金かかるし」

学習会で、ボランティアやスタッフにつぶやいてくれる子どもの声をきちんと拾って対応につなげます。

「○○君、目の上に痣があったんですよ。学校で転んだって言ってましたけど」

このような声が上がれば、関係諸機関に連絡し、大事ではないか、確認をしてもらいます。ボランティアの気づきを無駄にしないために、学習会の後で、スタッフがいかに動くか、が重要です。そういう点で、ひとり親家庭や困窮家庭、生活保護家庭、児童養護施設、母子生活支援施設などのお子さんの無料学習会は、普通の塾とはまったく違うスキルが必要です。

普通の塾なら、月謝の対価として求められているのは子どもの成績向上です。しかし、無料学習会では、勉強だけではなくソーシャルスキルの習得や、子どもを通しての保護者への支援も必要です。

塾ならば「その塾に合わなければ、やめて違う塾にいく」ということもできますが、私たちの学習会では、「退会」は一大事です。家庭に複雑な事情が生じたり、社会とのつながりが途切れることにもなりかねません。一歩踏み込んで、「退会」の理由を伺い、できるだけつながり続ける努力をするのも、私たちの大事な仕事です。複雑なご家庭の事情で退会せざるをえない場合にも、何か困ったことがあればいつでも連絡をくださいと伝えます。私たちにできることは限られていますが、つながっていれば道は必ず開けます。

「私がリストラされて、そちらにお世話になっていたんですが、おかげさまで仕事も決まりました。自治体の助成金で残り3カ月は地元の塾に通って受験します。受験生なのに、私が不甲斐ないばかりに、塾にもいかせてやれず家も暗かったのですが、そんな時にお世話になった学習会に出合い、勉強を教えていただいて本当に助かりました。ありがとうございました」

「再婚が決まったのですが、ひとり親家庭の学習会なのでやめなければならないですか？子どもがとても楽しみにしているので、できれば続けたいのですが？」

というような、うれしいご報告もあります。キッズドアとの関わりが、人生の大変な時期のお手伝いをし、その先の未来につなげられる一助になれるのは、本当にうれしいです。

ボランティアによる指導へのこだわり

私たちの学習会では、指導は基本的に無償のボランティアにお願いしています。最初の頃は、大学生ボランティアが中心でしたが、最近は社会人のボランティアも増えました。

私は1980年代に大学生だったのですが、当時に比べて、いまどきの大学生は本当に大変です。奨学金を借りている学生も多いですし、サークル活動や遊びやお洒落のためではなく、大学生活を維持するためにアルバイトを頑張らなければならない学生もたくさんいます。就職活動にもお金がかかりますし、就職活動のアピールのため、また自分の興味や研究のために留学や海外ボランティアなどもします。大学にいきながら、公務員試験対策や資格を取るための専門学校や塾に通う「ダブルスクール」も珍しくありません。さらに、昨今は企業インターンにいくつもいったりします。ですから、ボランティアに興味はあるけれど、忙しくて参加できない、という学生も多く、大学生のボランティア集めにはとても苦労しています。

学生ボランティアを集めるのが大変なのでアルバイトとして雇ったり、有償ボランティアとして謝礼金などを渡す学習会も増えてきました。その方が安定して学習会を運営できます。

それでも、私たちはできるだけ無償のボランティアに指導をお願いしたいと思っています。それは、コストの面ばかりではありません。「ボランティアで教えにきてくれている」という事実が、子どもたちの心に響くからです。

なんで、わざわざ休みの日に、無料で勉強を教えにきてくれるのか？　困窮家庭の子どもたちにとっては、本当に不思議です。その時間にアルバイトにいけばお金が稼げます。友達と遊びにいく、ゲームをする、のんびり寝ていてもいいのです。それなのに、わざわざ自分のために、勉強を教えにき

ボランティアは研修を受けてから活動に参加

てくれる。遠くから電車に乗って通ってきたり、

「レポートが終わらない。徹夜だ」

と、目元にクマをつくってくる学生もいます。就職活動の説明会のあとで、スーツ姿で来たり、逆にボランティアの途中で抜けていく学生もいます。

社会人の方も忙しい仕事の合い間や休日に勉強を教えにきてくれます。

「自分のために貴重な時間を割いてくれている」

とわかると、最初はやる気のなかったが子どもたちも
「やっぱり、ちゃんとやらなければ悪いな」

と思いはじめるのです。

ひとり親だから行き届かないのか

私たちの学習会に通う家庭の多くは、いままで行政からの特別な支援を受けていなかった家庭がほとんどです。ひとり親で収入が低ければ児童扶養手当をもらっていたり、二人親でも世帯の収入が一定以下なら就学援助を受けていたりと、子育て費用の一部の援助はあっても、それ以外にはなんのサポートもありません。

生活保護を受けていればケースワーカーがついて、いろいろな相談にのってくれるし、母子生活支援施設に入っていれば、住居をはじめ生活を支えてもらえます。しかし、なんとか

そういう特別な支援を受けずに、自分たちで一生懸命稼いで、社会に迷惑をかけないように頑張ってきた方がほとんどです。

離婚も珍しくなくなったとはいえ

「親の都合で別れて、子どもがかわいそう」

「片親だから、やっぱり行き届かない」

こんな色眼鏡で見られることもあるようです。

「なんとか、社会に迷惑をかけずにこの子を育てなければ」

という、ひとり親のお母さん、お父さんのプレッシャーは相当なものです。人に後ろ指を刺されないように、子どもたちにも厳しくあたりがちです。支えてもらうことに慣れていないので、SOSを出すのもとても苦手です。いまの日本は、困った人がどうしようもない状況になる前に「助けて」と言いづらい社会なのです。

子どもの成績が悪いのだって、ずっと前から気になっていたはずです。本当は、

東北復興を担う中高生がパリで「東北復幸祭り」を開催

「勉強が遅れているので、どうにかしてほしい」
と学校にお願いしたいのだが、そんなことを相談しても
「ちゃんとお家で宿題をさせてください。もっと勉強を見てあげてください」
と言われてしまえば、返す言葉がありません。中学3年生の三者面談で
「先生、うちは母子家庭で経済的に厳しいので、どこでもいいから公立高校でお願いします」
と相談しても
「お子さんのこの成績では、公立高校は無理ですよ。どうしても公立でなければ無理なら、定時制に。そうでなければもっと勉強頑張ってください。塾にいったらどうですか？」
と言われれば、その先につなぐ言葉がありません。塾にいくお金がなくて困っているのに、その解決法は誰も示してくれないのです。いままでは、仕方なく定時制に進路を変えたり、さらに無理をして働いて私立高校にいったりと、各家庭の我慢や努力でやるしかありませんでした。そんな状況を変えたのが、無料学習会なのです。
困っている勉強を、無料で教えてくれる。受験の相談にものってくれる。子どもも楽しそうに通っている。
「困っている私たちを、社会は見捨てるわけではないのだ。ちゃんと助けてくれる人がいるんだ」

という、社会の支え合いを実感できると、お母さん、お父さんも
「私ももう一度頑張ろう」
という気持ちになります。家庭でも笑顔が増えて、余裕が生まれます。

ボランティアする側に回る

子どもも同じです。子どもたちは、そうやってずっと歯を食いしばって自分を育ててくれているお母さん、お父さんを見てきました。

勉強もどんどんわからなくなっていくけれど、どうしようもありません。わからないところを先生に聞いてみたけれど、やっぱりわからないままです。先生も忙しそうだし、これ以上聞けません。友達はみんな塾にいっているけれど、うちはやっぱり無理だ。お母さんは「勉強しろ、勉強しろ」とうるさい。自分だってどうにかしたいけど、どうしようもない。

「あー、もうどうしたらいいかわかんないし。どうせ私はダメなんだぁ」

そんな状態なのです。

「うちにお金があればなぁ」

と子どもがいうのは
「お金があれば、塾にいったり家庭教師を頼んだりして勉強がわかるようになって、お母さんを喜ばせられるのに」

実はそんな思いなのに、なぜかそれがひねくれて
「こんな貧乏、もう嫌だ！」

というような親への否定の言葉になってしまい、親子関係が悪くなるのです。親も子もお互いを想い合っているのに、お金がないばかりに、裏目に出てしまいます。

そんなに困っている勉強を、ボランティアが無料で教えてくれる。それも、わかるまで何度も何度も嫌がらずに教えてくれる。自分のために、わざわざ時間を割いて教えてくれる。

このうれしさが皆さんに伝わるでしょうか？

大げさに言えば、社会から初めて優しくしてもらった体験なのです……。

それも、「かわいそうだから助けてあげる」ではなく、「大変だから手伝うよ」と手を差し伸べてくれる。

「勉強わからないから助けて」

と伸ばした手を、がっちりと握ってもらったうれしさを、きっとこの子たちは忘れないでしょう。

中学3年生のDさんが、学習会に入った当初は、なかなか大変だったとスタッフから聞きました。私が会ったときには、すっかりいい子で、勉強も良くできる子でした。

「だんだん成績下がってきて、塾にいきたいって頼んだのに塾にいかせてもらえないってお母さんともぶつかっちゃって。反抗期もあったのかもしれないんですけどね」

しかし、大学生のボランティアに丁寧に教えてもらって、苦手な数学も点数が取れるようになり、自信を取り戻してくれました。

「自分も勉強して大学に入って、そうしたら今度はボランティアで教えてあげたい」

そんな、うれしいことを言ってくれます。

実際、私たちの学習会で学んで、大学生になった子もいます。奨学金を借りているし、大学生活にかかるお金は自分で稼がなければならないので、アルバイトも忙しい。そんな中でも、時間をつくって、学習会を手伝いにきてくれる子も出てきました。他県の大学に進んで、そちらで学習支援のボランティアをしている子もいます。

ボランティアに支えられた子どもが、ボランティアをする側に回る。この仕組みが定着すれば、いつかは、キッズドアという団体などなくても、無料学習会が地域に根づいて、ごく自然に行われるようになるのでしょう。一日も早くそうなることを願っています。

大学生の成長

困窮家庭の子どもの学習支援ボランティアに参加することは、大学生が子どもたちに「与える」だけではありません。大学生にとっても大きな成長の場になっています。私たちのボランティア活動は、究極のアクティブラーニングなのです。

大学にもさまざまなボランティアサークルがありますが、私たちと大学のボランティアサークルの一番の違いは、さまざまな大学の学生＝多様な人材が集まっているという点です。

他大学の学生と一緒に事を成し遂げるという場は、ありそうでなかなかありません。最初、私がＮＰＯをはじめたときは、

「大学生は、友達を誘って参加するのではないか？」

と予想していたのですが、ほぼすべての学生が個人で申し込んできます。インターネットで、学習支援ボランティアなどと検索して参加してくれます。その結果、多様な大学、学部、バックグラウンドの学生が集まります。教育学部や福祉を学んでいる学生はもちろん、医学部、薬学部、工学部、理学部、文学部、国際関係学部や社会学部など。毎年、ひとり二人は海外の大学に留学している学生が、夏休みに日本に戻ってきて、熱心に参加してくれます。

そんな、バラバラな学生たちが、

「困窮家庭の子どもたちの学力を上げる」

「入試を突破させる」

という目標に向かって力を合わせていきます。コミュニケーションが苦手などとは言っていられません。苦手でもなんでも、やらなければ、子どもたちが貧困の連鎖から抜け出せないのです。

初期のころにボランティアに申し込んできた有名私立大学２年のＥさんも、最初は弱々しく、声も小さく、話していても目が合わないような自信のなさがあらわな学生でした。

「君の方が大丈夫？　ちゃんとご飯食べてる？」

と聞きたくなるような様子です。

しかし、とても頭がよく、パソコンも得意だった彼は、すぐにチームに欠かせない存在になりました。教材をつくってくれ、生徒へのお知らせやデータの取りまとめなどもスイスイとこなしてくれます。何より彼は生徒に大人気だったのです。派手ではありませんが、教えかたがうまいらしいのです。何よりも勉強が苦手な中学生でも怖くない、怒られなさそうな雰囲気が良いのです。

「優秀な学生」というと、利発で受け答えが上手く、スポーツも勉強もなんでも上手にこなすようなタイプを思い浮かべる方は多いでしょう。友達が多くて、お洒落で見た目も良い。そういう誰でもが憧れるような大学生が子どもたちに人気があるかというと、ところがそうでもないのです。Eさんのようにもの静かで、「えっ、何？」と2～3回聞きなおさないと聞こえないようなボリュームで喋ってくれるほうが安心できるという子どもも多い。ハキハキして自信たっぷりな人を苦手としている子どもは、実は多いのです。私たちの学習会では、指導者が生徒を怒鳴ることは禁止しています。心理的虐待など大きな声に敏感な子どももいるからです。

とにかく、最初はどうなるかと思ったEさんも、見違えるように元気になり、リーダー的な存在となって活躍してくれました。地方から東京の大学に出てきた彼は、大学1年のときは、学ぶ理由や自分の存在意義を考え込んでしまい、大学からも足が遠のいていたそうです。何かを変えたいと思っていたときに、私たちの活動を知り、思い切ってボランティア説明会に参加してくれました。

「本当に、この活動に出会って救われました。去年の1年間を返してくれって気分ですよ」

お酒の席で、そう話してくれた彼は、大学院に進み、東日本大震災のときには、仙台に何カ月か泊まり込んでボランティアをしてくれました。その後、しっかりと自分の希望する会社に就職していったのです。

社会人との交流

私たちの活動に学生が参加する、もうひとつの利点は「社会人とのコミュニケーション」です。私たちの学習会は、平日の夜や土日の開催が多く、しっかりと仕事をしている社会人のボランティアが多数参加してくださいます。いわゆる一流企業にお勤めの方も多く、また団体のスタッフも、さまざまなバックボーンで活躍してきた社員が増えてきました。親以外の大人の意見や考えかた、仕事への取り組みかたを直接見られる場でもあります。時には食事をしたりお酒を飲みながら語り合います。

寄付や協働を検討されている企業から、ぜひ学生ボランティアの話を聞きたいとか、省庁や行政からの視察、テレビや新聞の取材が入ることもあります。学生に話してもらうと、皆さん一様に感心してくださいます。

「自分が学生の頃はボランティアなんて考えもしなかったなぁ」

「本当にすごいね」

立派な大人に褒められて、最初は自信のなかった学生も、どんどん自信をつけていきます。

私たちのボランティアをした学生の就職活動は好調です。省庁に入る学生も増えてきました、自治体に入って活躍する学生もいれば、夢を叶えて教師になる人もいます。

内閣府主催の「子供の未来応援国民運動」で登壇するスタッフとボランティア

私がすすめるのは、ぜひ民間の企業に入って、その力を日本経済の発展にふるってもらう道です。有名な教育系の企業や、一流コンサルティング企業、IT企業をはじめさまざまな有名企業に入る学生もいれば、あえて、ベンチャー企業に入って自分を鍛え、数年後、起業をした学生もいます。自分の力を存分に発揮するフィールドに入り、文字どおり会社の成長と自身の成長の両立をめざす学生もいます。本当に頼もしいかぎりです。

キッズドアで活動をして、社会に旅立つ学生に私が必ず贈る言葉があります。

「とにかく、会社で偉くなってね。少なくとも役員クラスを狙ってね」

という言葉です。最初はみんな面食らいます。

「いい企業に入ってバリバリと仕事をしたい」という志向の学生は、ボランティアなどせずに企業とのパイプが強い全国組織の国際交流団体に入ったり、広告研究会に入ったり、起業コンテストに参加したり、というイメージがあります。しかし、学生時代にしっかりとボランティア活動をして、生身で社会課題を受け止めた体験をもつ、彼ら彼女らこそが、グローバル化する企業で求められる人材だと私は確信しています。


キッズドアで教えた子どもたちが社会に出るように、キッズドアでボランティアをした大学生もたくさん社会に出ていきます。

「今の自分では役に立たないので、企業で学んで戻ってきます」

と会社や行政機関に入って、その後、キッズドアに入ってくれる人もいます。

ずっとボランティアをして、

「社会福祉を学んでいましたが、キッズドアで続けていきたい」

と、新卒で入ってくれる人もいます。

社会課題先進国と言われる日本ですが、こういう若者がいるかぎり、きっと課題は解決できると、私は信じています。

第5章

子どもの貧困対策は「福祉」ではなく「将来への投資」

最後の章では、日本の子どもの貧困を解決するために、私たちはこれから、何をすればいいのか？　を皆さんと一緒に考えていきたいと思います。

動きはじめた子どもの貧困対策

現在、日本の子どもの貧困対策はどのようになっているでしょうか？

日本は、一億総中流社会という幻想のなかで、長らく貧困対策に手をつけていませんでした。「子どもの貧困率」を厚生労働省が正式に発表したのは２００９年。[*1] それまでは、国として子どもの貧困率を把握していなかったのです。そのような状況ですので、子どもの貧困対策もありませんでした。

長年、地道に子どもの貧困に関する調査や研究に携わられてきた研究者やＮＰＯの方々の働きかけにより、２０１３年に「子どもの貧困対策の推進に関する法律」が成立し、翌２０１４年に基本方針である大綱が策定されました。また内閣府に子どもの貧困対策を担当する部署が設けられ、２０１５年には政府による「子供の未来応援国民運動」もはじまりました。「子供の未来応援国民基金」という民間の寄付を集める基金もでき、子どもの貧困解決に取り組むＮＰＯに資金を提供しています。

また、２０１３年に生活困窮者自立支援法が成立し、貧困の連鎖を断ち切るために、学習支援を実施するように自治体に働きかけが行われています。現在は日本全国で低所得の子どもたちのための無料学習会や居場所の運営が進んでいます。困窮した子育て家庭の孤立を防ぎ食を支える取り組みとして、地域の有志によるこども食堂も全国的な広がりを見せています。

児童扶養手当の複数子加算の増額が２０１６年より実現しました。所得が一定額以下のひとり親家庭には児童扶養手当が支給されます。この制度自体は非常に良い制度なのですが、制度の仕組みがいまの時代とあっていない部分があります。

一人目のお子さんには、最大で４万２０００円／月（年収１３０万円以下の場合）支給されるのですが、二人目は５０００円、三人目以降は３０００円しか支給されませんでした。二人目の子どもはご飯を半分しか食べないとか、教育費が無料になるわけではありません。二人目以降の子どもにもそれぞれひとり分の食費、教育費などがかかるのですが、なんと手当てはいきなり８分の１に減ってしまうという制度でした。

私たちの活動現場でも、ひとり親でも子どもがひとりだと、お稽古のひとつぐらいはさせられたり、親子で旅行にいったりする余裕があります。ところが子どもが二人以上になると、お母さんも本当に大変そうで、「なんでこんなに差があるんだろう？」と思っていたのですが、原因はこの児童扶養手当の設計だったのです。できることなら、子どもが増えたら仕事

＊1　http://www.mhlw.go.jp/houdou/2009/10/h1020-3.html

図5-1　ひとり親を救え！プロジェクト

http://save-singleparent.jp

を少し減らして、家事や育児の時間を増やしたいのに、二人目以降の手当てがこんなに減額されては、とにかく食費を確保するために仕事を増やすしかありません。その結果、子どもたちは「必然的ネグレクト」というような状況で、学力も下がってしまいます。

児童扶養手当の複数子加算に関しては、同じような課題意識をもつＮＰＯや有識者の方々と協力して、署名運動やロビイングを行い、２０１６年より、二人目は１万円、三人目以降は６０００円と倍増になりました（図５－１）。児童扶養手当は減らされ続けていたそうで、じつに36年ぶりの増額だそうです。

また、２０１７年より大学進学のた

めの国による給付型奨学金がついに開始されました。支給額は毎月2～4万円、支給対象も2万人ですので、毎年約50万人が貸与型奨学金を借りている状況では額も規模もまだまだ足りませんが、国が給付型奨学金をはじめたというのは大変大きな一歩です。「子どもは親が好きで産んだのだから、親が子育ての費用を負担するのは当たり前。お金がないのに大学にいきたいのなら借金（貸与型奨学金）をしていくしかない」という社会から、「お金がなくても学びたいのであれば、学んでいいのですよ。日本という国は教育を国が支えるのですよ」というメッセージの転換なのです。教育無償化や全世代型社会保障への転換など、ようやく「国が子どもを育てる」という流れに変わってきたのです。

少子化と子どもの貧困

今、日本の最大の課題は「少子高齢化」でしょう。高齢化が進み、社会福祉費は増大するのに、それを支える若年層が増えないのです。年金制度などは、すでに破綻していると言ってもおかしくありません。

２０１７年の出生数は94万１０００人、２０１６年に１００万人を割りましたが、さらに３万６千人も減る見込みです。１９４７年の第一次ベビーブーム期には約２７０万人、１９７０年代の第二次ベビーブームには約２１０万人の赤ちゃんが毎年生まれていました。もし毎年２万人ずつ赤ちゃんが減っていけば、50年後には日本人はいなくなります。出生数

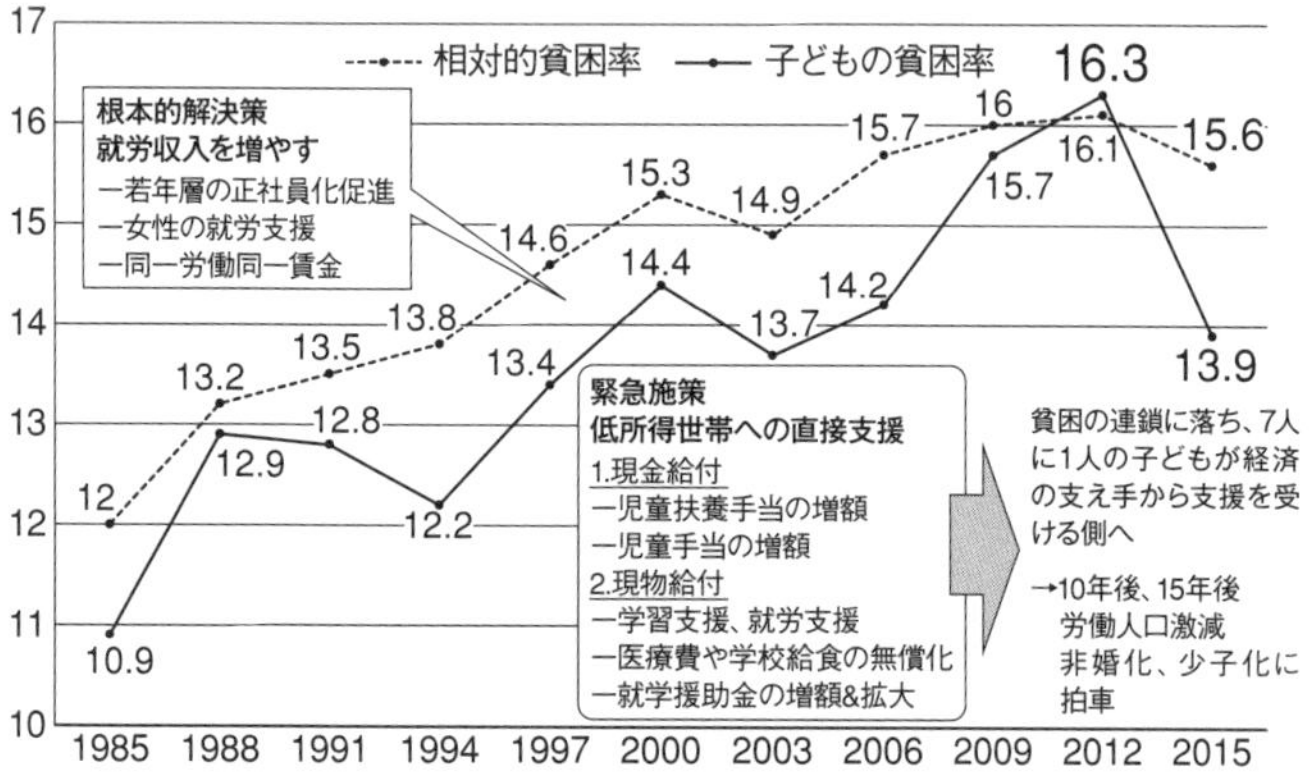

図5-2　日本の子どもの貧困の課題

KIDS'DOOR作成

が減るのは非常に深刻な問題なのです。

地方消滅が騒がれています。これはまさしく出産できる年齢の女性が何人いるか、で算出されている生々しいものですが、善し悪しはさておき、このまま放置すれば、日本消滅も十分ありうるのです。少子化問題ではとかく「合計特殊出生率」が話題にのぼりますが、出生率が多少増加しても、分母となる女性の数がどんどん減っていくのですから、実際生まれる赤ちゃんの人数は減ってしまいます。恐ろしい現実ではありますが、私たちはこの現実をしっかりと受け止め、どうしていくかをすべての国民が本気で取り組まなければなりません。

では、なぜ日本は、こんなに「子どもを産まない国」になってしまったのでしょう？

長らく戦争もなく治安も良い、経済も安定していて、気候も良く、世界的に見ても日本は住みやすい国でしょう。本来ならもっと子どもが増えてもいいはずなのに、なんで若い人は子どもを産まないのか？

ひとつは、すでに子どもを産む若い世代に貧困層が増加しているために、結婚したり、子どもを産んだりできない状況になっているのです（図５－２）。

「結婚したり、子どもを育てたりするのは贅沢だ」と考える若者が増えています。日々、自分の生活に精一杯で、とても家族を形成するような余裕がないのです。これは、高度経済成長期の終身雇用制度から、非正規雇用や契約社員など正社員ではない不安定な働き方が、とくに若年層に浸透したことが原因でしょう。その結果、企業の利益は増え、蓄えたもうけ（内部留保）は４０６兆円（２０１６年度）という巨額になっていますが、一方雇用者の給与はあまり増えません。30代の平均給与は１９９７年から２００６年の10年間で２００万円も減少しているという調査結果もあります。まさに、結婚し、家庭をもとうという20代、30代の収入は増加するどころか、減っているのです。これでは、結婚して、家を買って、子どもを育てるのは無理なのです。

次に、子育てや教育にあまりにもお金がかかりすぎるので、そもそも子どもを産むのをあきらめたり、本当は、二、三人子どもをほしいのだが、ひとりしか産まないという人が増えているためです。夫婦が理想の子ども数をもたない理由として、もっとも多いのが、「子育てや教育にお金がかかりすぎるから」（60・4％）であり、年代別にみると、若い世代ほどこの割合が高くなります。先日、日本の一流企業に勤めている方が、

「うちに勤めている、夫婦共働きの人でも『子育てにはお金がかかるから、ひとりしか産まない』という人が出てきた。うちの給料で無理なんて……」

とおっしゃっていました。

日本では、子育ての費用は親が負担するのが当然と考えられてきました。子どもにより良い教育を与えようと、私立の学校にいかせたり、受験のために塾にいかせたりするとその費用は大きくふくらみます。お受験、塾の費用、大学の費用、もし留学させるとしたら……と考えると、たくさんの子どもを育てるのはとても無理だと考えてしまうのです。

つまり、現在の日本は、そもそも若い世代の収入が減っており、結婚も子どもを産むのもむずかしい状況にあるうえに、数少ない高収入層も、子育ての費用が高すぎるために、子どもを産む数を減らさざるを得ないのです。若い世代が、子どもをたくさん産み育てる未来を描けないという、非常に悲しい状況です。そして、それは、子どもの貧困とも大きく関係しています。子どもの貧困が生まれる原因と少子化の原因はぴったりと一致しています。子育て世代の収入を増やし、子育て費用や教育負担を減らさなければ、日本の未来はないのです。

待ったなしの子どもの貧困対策

子どもの貧困を解決するために、じっくりと雇用改革に取り組めば良いのかというと、それではまったく間に合いません。子どもの貧困というと、「(20年後、30年後の)将来が大変だ。それまでになんとかしなければ」という遠い未来のイメージをもってしまいます。子どもの貧困に限らず、子どもの問題は、そうやって先送りされてきました。しかし、「将来の問題」という認識が大きな間違いなのです。いまの中学生がちゃんと自立できる人物になるかどうかは、「今」の支援で決まります。低所得で勉強が苦手な子どもがなんの支援も受けずに、高校に進学しなかったとすると、その子も将来困窮したり、生活保護を受けたりするようなリスクは高くなります。たしかに高校にいかなくても、良い職人になったり、農業や漁業で頑張ったり、起業をして成功する人もますが、やはり高校に進学したほうが、いまの日本では経済的自立をしやすいのは明らかです。今年の中学生を支援するかどうかで、その子が数年後、高卒で働くとしたらわずか3~4年後から、きちんと働ける人になるのか、それとも不安定な就労や福祉を受ける側

U18次世代リーダーカンファレンスで東北復興の人材を育てる

になるのかが決まるのです。キッズドアでは２０１０年から中学3年生の高校受験指導を行ってきましたが、高校進学率は１００％です。２０１６年度は２３４人の中学3年生が高校進学をしていきました。どんなに成績の悪い子も、とにかく高校にいこうと子どもたちとともに頑張ってきた成果です。今年の中学3年生がしっかりと高校進学できるかどうかは、今年支援があるかどうかで決まるのです。1年後に支援をしても今年の受験生には間に合いません。そして、その影響はその子の生涯を通じて長く続くのです（図5－4）。

たとえば、貧困状況にある中学3年生がいたとします。成績も悪く、私立高校は経済的に無理だったため、夜間定時制に入学したけれども、勉強も苦手だし周りに引きずられて中退してしまいます。最終学齢が中卒でできる仕事というのは中々ありません。フリーターとして職を転々としますが、どれも長続きせずに引き込もってしまったり、きつい仕事について、体や心を壊してしまい働けなくなってしまいます。親御さんが面倒を見切れなくなれば生活保護を受給するしかなくなります。

しかし、同じ生徒が私たちの学習会にきてなんとか高校に入り、ちゃんと卒業して正社員になれば生涯賃金を稼ぐようになります。勉強を教えてくれた大学生ボランティアに憧れて、奨学金を借りて、大学に進んで正社員になれば、しっかり働いて稼いでくれます。結婚して家庭をつくり子どもも産んでくれるでしょう。学習支援というわずかなコストで、将来にこ

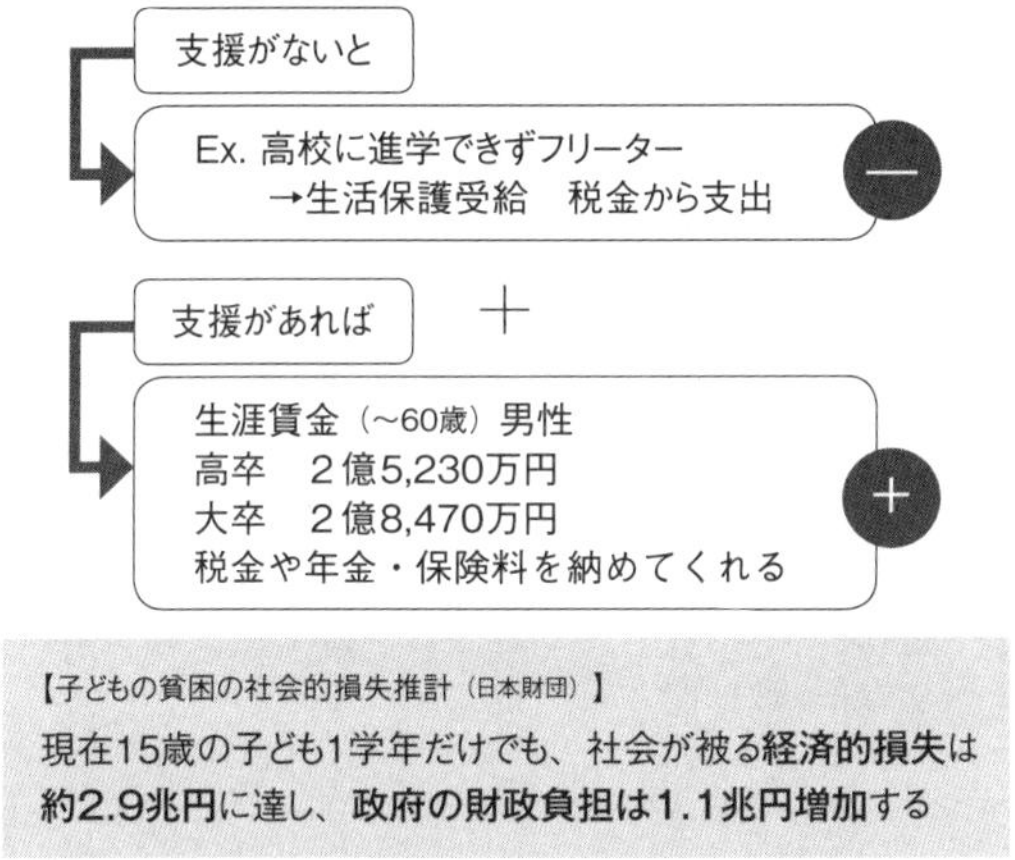

図5-4　キッズドア推計

んな大きなリターンがあるのです。困っている子どもを放置しても、いいことはなにもありません。

日本財団の試算によれば、１学年だけをとっても経済的損失は約２・９兆円、さらに政府の財政負担は１・１兆円増加、つまり約４兆円の損失なのです。いま、子どもの貧困対策をしっかりと行えば、この損失はなくなり、さらに少子化も改善されます。

なぜ、子どもの貧困対策を急がなければならないのか、これで皆様にもおわかりいただけたでしょうか？

子どもの貧困対策は「福祉」ではなく「将来への投資」である

子どもの貧困対策や子育て支援を進めようとすると、「国にお金がない」という話が必ず出てきます。「高齢者ＶＳ子ども・若者」という対立構図で、福祉予算の奪い合いをするようなイメージをもっている方も多いでしょう。日本の税金は高齢者への再分配が高いと言われています。

まず、税金がどのように再分配されているのかを示したのが、図５－５、図５－６です。

高齢者世帯の平均所得は９５・３万円ですが、再分配所得は３５０・２万円です。現金や医療や介護などの現物給付を合わせると１世帯当たり約２５５万円が再分配されています。これに対して、税金で支えられているイメージの強い母子世帯は保育園や学校教育などの現物給付を合わせても約47万円しか再分配されていません。その他の一般世帯は、なんと13万円しか再分配がありません。年齢階級別の所得再分配係数を見ても高齢者への再配分が突出しているのがわかります。

平成29年度の一般会計予算を見ても、社会保障費が全体の３分の１を占めていますが、その内訳は年金、医療、介護で８割を占めます。不正受給などで国民のバッシングにさらされる生活保護などの生活扶助等は約１割しかありませんし、実は生活保護受給者の半数近くは高齢者です（図５－７）。

自分を含めこれから高齢期に入る方々やすでに高齢者の方々には、非常に厳しい現実ですが、現在の税の再分配は高齢者に過度に偏りすぎており、そのしわ寄せが子育ての現役世代や若者たち、そして次世代を育む子どもたちに出ているということをしっかりと認めなければ

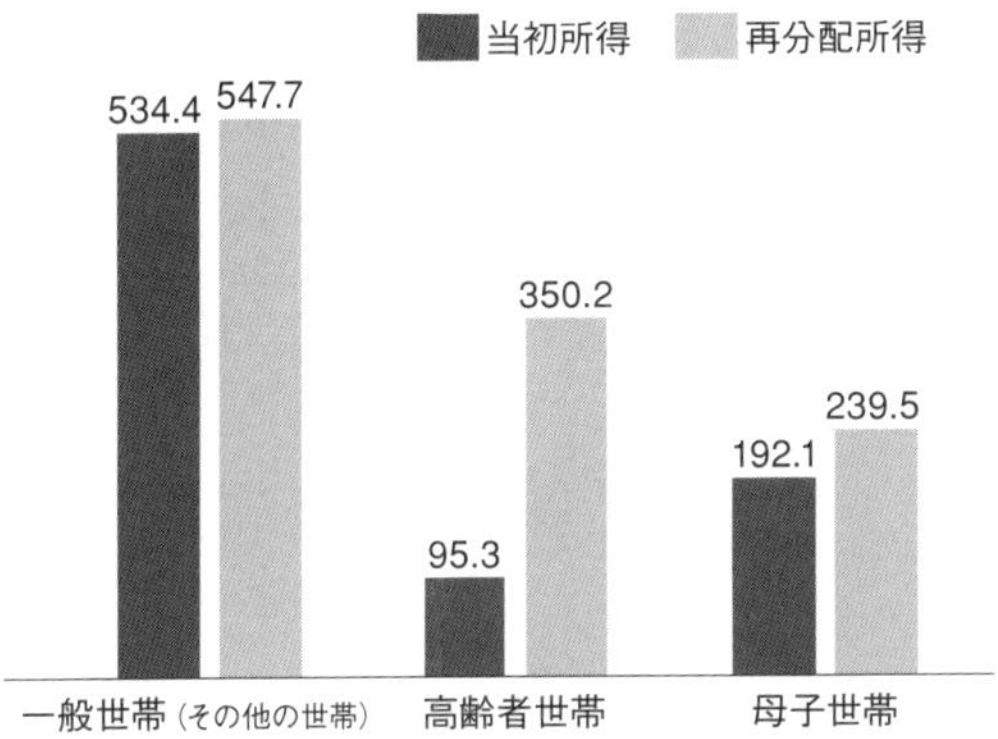

図5-5　世帯類型別所得再分配状況

平成26年 所得再分配調査報告書（厚生労働省政策統括官／総合政策担当）

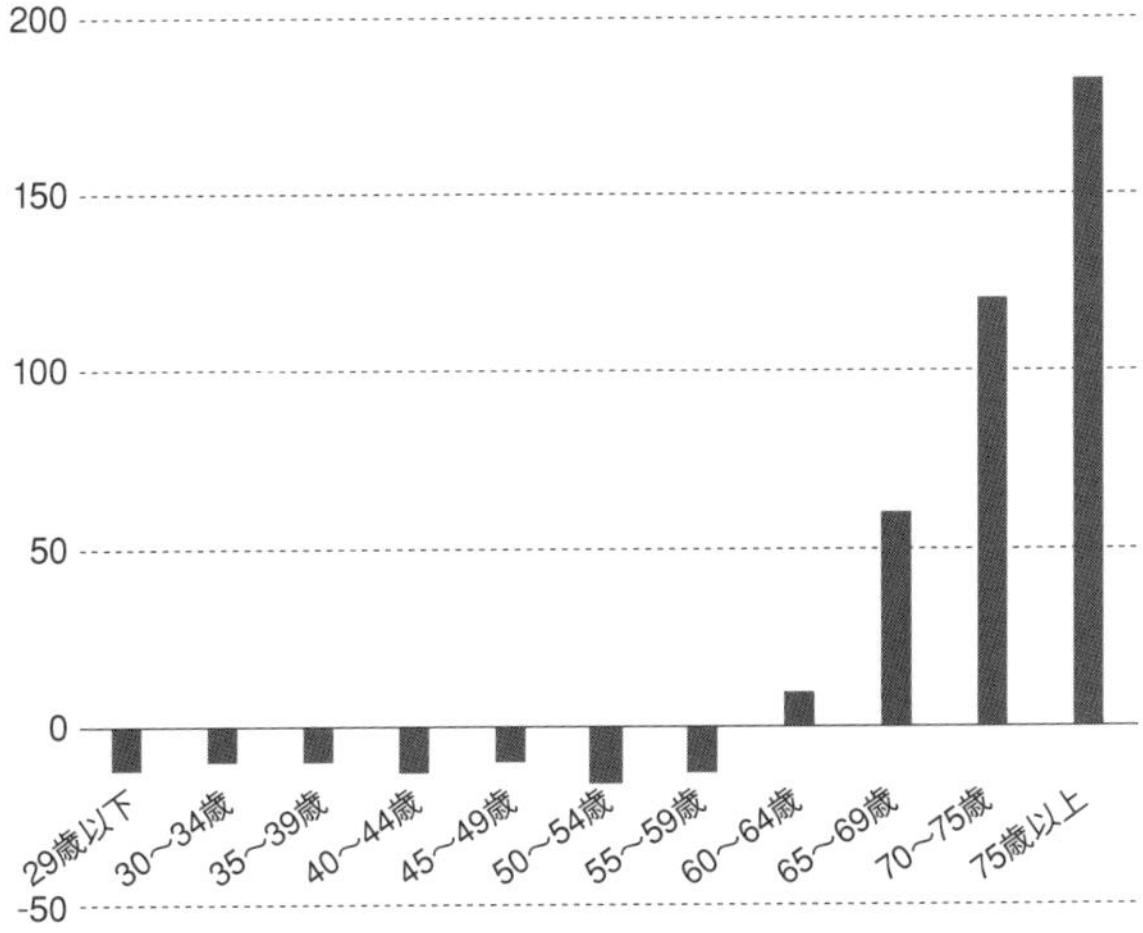

図5-6　世帯主の年齢階級別所得分配係数

平成26年 所得再分配調査報告書（厚生労働省政策統括官／総合政策担当）

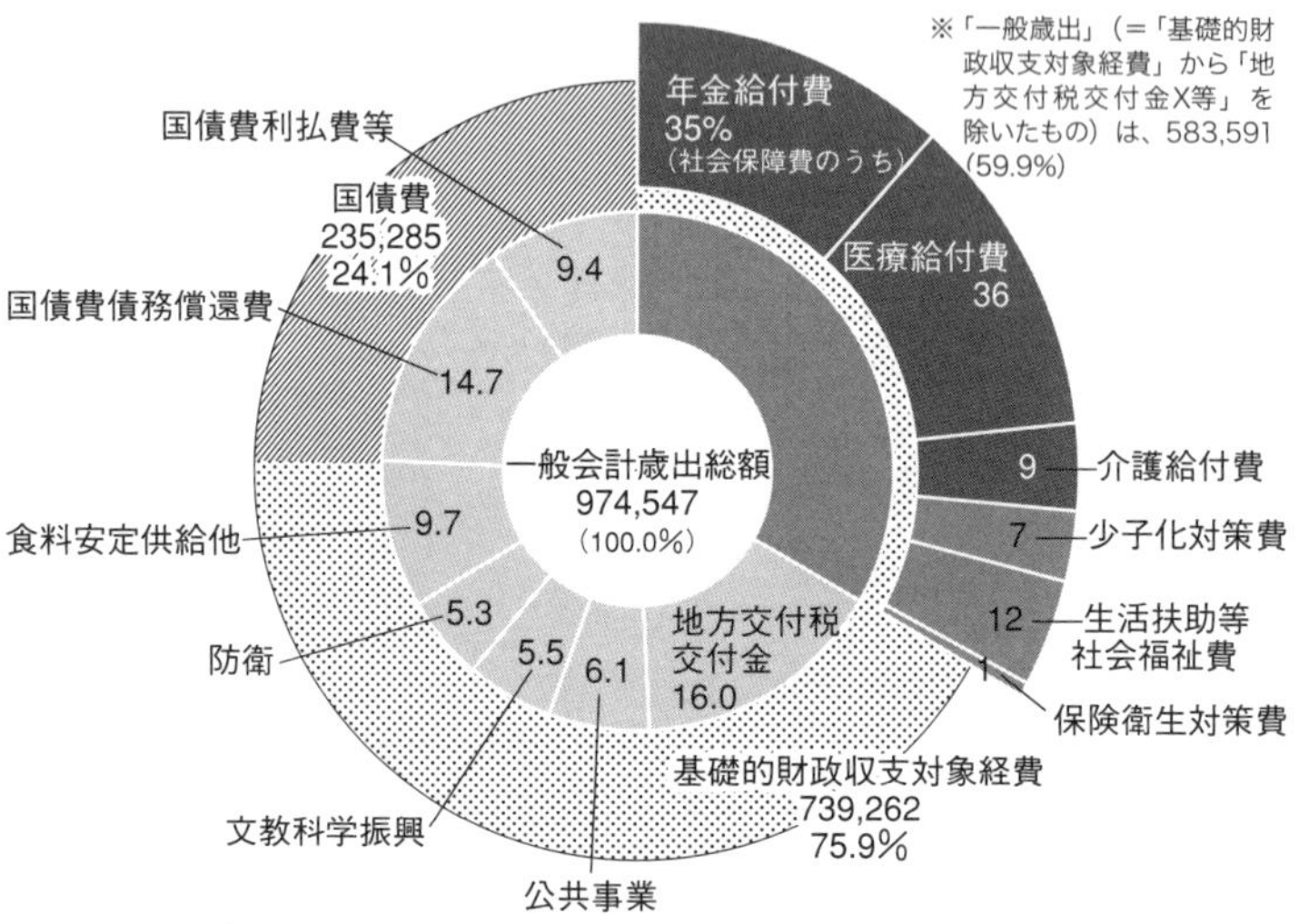

図5-7　一般会計歳出（単位：億円）

https://www.mof.go.jp/budget/budger_workflow/budget/fy2017/seifuan29/13.pdf

ばなりません。

もうひとつ、日本の税の使い方で大きな問題があります。第2章でも述べた通り他の国に比べて教育予算がとても少ないのです。経済協力開発機構（ＯＥＣＤ）の調査によると2014年の加盟各国の国内総生産（ＧＤＰ）に占める教育機関への公的支出の割合は、ＯＥＣＤ平均が4・4％に対して日本は3・2％。比較可能な34ヶ国中最低でした。税金を使っていないため、親が負担する私費負担の割合は他の国に比べて高くなっています。それが教育格差につながっているのです。

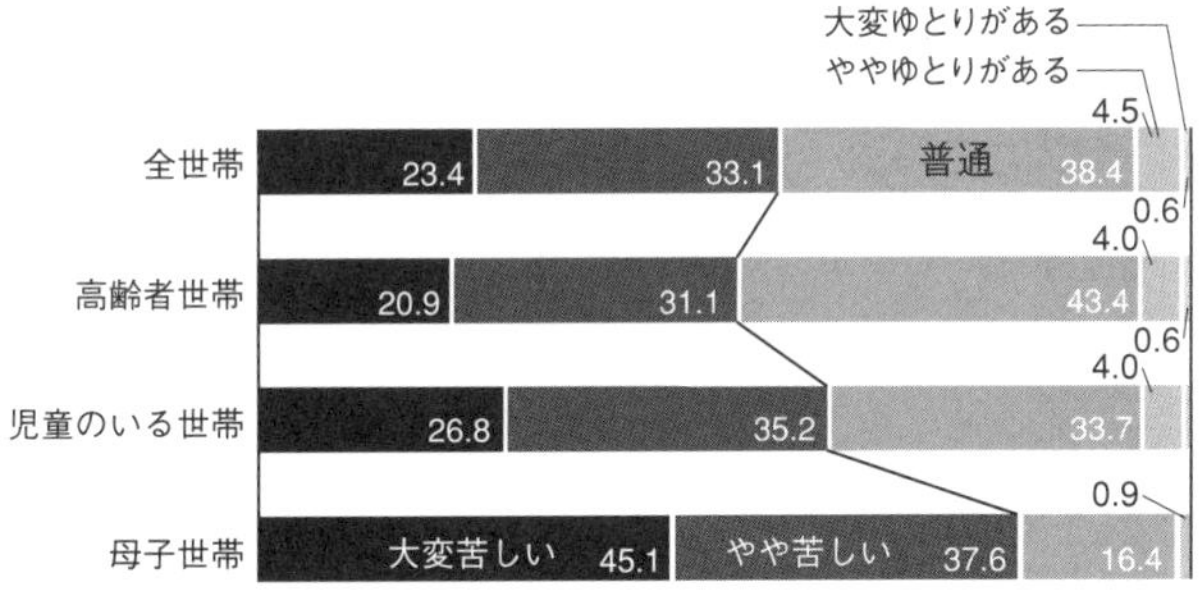

図5-8　各種世帯の生活意識

平成28年 国民生活基礎調査の概況（厚生労働省）
http://www.mhlw.go.jp/toukei/saikin/hw/k-tyosa/k-tyosa16/dl/16.pdf

つまり、日本ではそもそも子育て世代に税の再分配が少ない上に、教育費への税の配分も少なく、それを保護者が負担しなければなりません。世界中で見ても、非常に子育てに冷たい国の構造になっているのです。これでは少子化が進むのも当たり前です。

最新の調査で、子どもの貧困率は改善しましたが、まだまだ厳しいというのが実態です。最新の調査でも、子育て世帯の２６・８％は生活が大変苦しい、３５・２％はやや苦しい、合計すると６割以上の家庭が「生活が苦しい」と訴えています。母子世帯は８割以上が「生活が苦しい」と訴えています。これは高齢者を大きく上回ります（図５－８）。

国をあげて子育て支援の充実を

子どもの貧困解決を進めるためにはどうすればいいのでしょう。すでにおわかりのように子どもの貧困は、ごく一部の特別な人が貧困状況にあるわけではありません。７人に１人の子どもが相対的貧困状況にあり、ひとり親家庭に限って言えば半分以上が貧困状況にあるのです。子どもの貧困を解決するためには、子育て世帯全般の支援がもっとも有効であり、少子化を改善するためにもこれから子どもをもつ若い世代の支援が重要です。現在行われている子どもの貧困対策をさらに推し進めるのはもちろん、さらなる支援が必要です。私がキッズドアの活動を通して有効と思われる支援策をいくつか挙げてみたいと思います。

⑴最低賃金の上昇、非正規社員の正社員化、同一価値労働同一賃金などの雇用政策

子どもの貧困率が大きく改善したのは、経済が好転し、最低賃金が上昇し、パート労働者の賃金も上がったためです。労働力不足が本格化するなかで、企業側もパート労働者の賃金アップや非正規の正社員化などに動きはじめましたが、まだまだ十分ではありません。アベノミクスの影響で企業の利益は増えています。これをもっと労働者に給与として配分するように、さらに政府主導で進めていくことは非常に重要です。子どもの貧困は親の貧困であり、親の収入をどう増やすかが非常に重要です。

⑵多子家庭の支援の充実

日本の最大の課題は「少子高齢化」であるのに、いまだに日本では子どもをたくさん産むと経済的に困窮してしまう構造が改善されていません。少子化対策の成功例としてあげられるフランスでは、子どもが3人以上の家庭には、子ども関連の手当が厚く、また、子どもが多いほど所得税負担が軽減したり、年金制度も子どもがいる人を優遇する仕組みだそうです。手当ても、成長して子どもにお金がかかるに従って支給される額も増えるそうです。日本にも児童手当が支給されますが、多子家庭への配慮はほとんどなく、また中学校卒業までしか支給されないため、一番お金のかかる高校生になると世帯の収入が減ってしまうという、不合理な設計になっています。また、大学などの高等教育を含め、教育はほとんど無料で受けられるそうです。子どもが望む教育をお金の心配をせずに受けさせられるかどうか、子どもを産む上でとても大きな要因でしょう。フランスでは「子どもは3人以上産まないと損」という意識が浸透していると聞きました。何人の子どもをもつかは、個人の意思が尊重されなければなりませんが、いまの日本では多くの人が「本当はもっと子どもをほしいけれど、経済的にとても無理」とあきらめているのです。

「兄弟がほしい」という子どもの願いに、答えられないような国に未来はあるのでしょうか？　「貧乏子沢山」と兄弟が多いことを卑下しなければならないのは悲しいことです。「産みたい人が産みたい数だけ産める」ようにするには、保育園の整備なども重要ですが、多子の家庭への児童手当の大幅増額や、教育費の減免など大胆な経済支援が必要です。

(3)養育費の支払い率の向上

日本のひとり親の貧困率が非常に高い理由は、養育を受け取っていない人がとても多いからです。養育費を受けている母子家庭は2割もいません。8割の母子家庭は養育費を受け取らずに、お母さんの収入だけで生活しなければなりません。日本では離婚をするときに苦労をして養育費の取り決めをしても不払いになることも多いのです。[*2]

アメリカでは養育費が不払いになったら、賃金から源泉徴収するシステムがあるそうです。養育費を滞納すると運転免許が停止されるなどのペナルティもあるそうです。また支払い能力が乏しい父親に対して「支払える父親」にするための家族支援などもあるそうです。他の国でも養育費をしっかり受け取れるようになっているそうです。親が離婚をしても、子どもが貧困にならないように、養育費の徴収率を上げる仕組みを早急につくる必要があるでしょう。

(4)女性の雇用の改善

もうひとつ、ひとり親家庭の貧困を改善するために有効なのは、女性の雇用環境の改善です。日本の母子家庭のお母さんは世界で一番働いているのに貧困率が一番高いという、究極のワーキングプアです。不安定なパートなどの非正規雇用で子どもとの生活を担うというのは、精神的ストレスもとても高いと思います。これだけ子どもの貧困が社会問題化しており、また働き手も少なくなっているなか、企業は、ひとり親雇用率目標などをつくり、積極的にひとり親の正社員化などをめざしてほしいと思います。ひとり親の問題では、母子家庭だけではなく、父子家庭も「残業ができないなら」などという理由で、正社員から非正規社員にならざるを得ず、収入が激減するというような事例もあるようです。

職場の他の仲間の理解が得づらいというような声も聞きますが、とても悲しいことではありませんか？　ひとり親で子育てを頑張っているお母さん、お父さんを子育ての一時期少し優しい目で見てあげる、それは人のためではなく、自分のためでもあります。たとえば自分の親に介護が必要になった時も同じではないですか？　働く人がどんどん少なくなるこれから、みんなが少しづつ優しくなって、子どもがいても、ひとり親でも、介護をしていても働き続けられる社会をつくることは非常に重要です。

⑸公教育の大胆な再構築

最後に、公教育の問題をあげます。なぜ九九ができない中学3年生がいるのか？　アルファベットを習得していない中学3年生がいるのか？　公立小中学校における基礎学力の担保はどうなっているのでしょう？

これは貧困だけに限らず、ほとんど学校にいかず勉強も身についていないのに中学を卒業

＊2　http://www.mhlw.go.jp/bunya/kodomo/boshi-setai06/02-b16.html

する不登校の子どもが放置されてしまう問題、また、発達障害などがあるのに適切な教育を施されない問題なども含まれます。誰が、日本の子どもたちの基礎学力の習得という責任を取るのか、そこが非常に曖昧です。それでも私が子どもの頃は、小学2年生で九九ができなければ、放課後残されて先生ができるまで指導をしてくれるようなことがありましたが、いまはそのようなこともないようです。

先生の過剰労働など学校現場の課題は山積みです。教育内容はもちろん、教員の働き方改革や学校や教育委員会という組織についても見直す時期ではないでしょうか？

私たちは、低所得の子どもたちのための無料学習支援を行っていますが、めざすところは、私たちのような組織がなくても誰もが学校で十分な教育を受けられるようになることです。学校がすべての子どもたちにとって楽しく、そして頼りになる場所になるように、一日も早く取り組まなければなりません。

⑹高校生世代を支える

日本では、いまだに高校が義務教育化されていませんが、すでに高校進学率は97％を超えています。つまりほとんどの15歳から18歳の子どもは親に扶養されています。それなのに、国のさまざまな子育て支援は中学校までしかカバーしていません。代表的なものとして、ほとんどの家庭に支給される子ども一人当たり月1万円の児童手当は、中学卒業までしか支給されません。通学定期も部活も友達付き合いにもお金がかかるのは高校生なのに、なぜかそこで急に手当てがなくなるのです。まるで、「義務教育は中学までなのだから、お金がなくて高校にいけないのなら働きなさい」と言っているようです。実態とかけ離れたメッセージです。

子どもが高校生になれば、親の収入は増えるのでしょうか？　年功序列で給与が上がっていた時代なら、子どもの成長と家庭の収入は比例していたかもしれませんが、いまはそんなご家庭の方が少ないでしょう。だから、高校に入ったら、自分の高校生活にかかる費用をすべてアルバイトで賄わなければならないような高校生がたくさんいます。そしてアルバイトをしすぎて、成績が悪化し留年や中退にいたる、働きすぎで遅刻や欠席が多くなり中退してしまうという、とても残念な状況になっています。

学校では学べない『起業』を学ぶ

公立高校の無償化や、東京都をはじめ一部の都道府県では私立高校の月謝の補填をするなど低所得世帯の高校生への配慮は少しずつ進みつつあります。この流れをさらに加速し、少なくとも希望するすべての子どもが安心して高校に通えるように、不本意な中退をしなくてもいいようにしなければなりません。

せっかく、高校に入ったのにさまざまな事情で中退をしてしまうとそのあとの支援につなげるのは非常にむずかしいのです。乱れた生活が不本意な妊娠につながったり、仕事がうまくいかず引き込もりになったりするリスクも高くなります。

中学校を卒業して、15歳、16歳の子どもを「もう高校生なんだから」と突き放してしまうのは、あまりにも酷ではないでしょうか？　低所得の高校生に対しての支援を充実させることは、社会にとっても大きなリターンをもたらすと私は考えます。とくに、若年労働者がどんどん減っていくこれからは、一人ひとりが重要です。

2050年、あなたは何歳ですか？

日本では長らく「子どもは親が育てるもの」という観念が続いてきました。さらに戦後の国民の頑張りで、世界でも例を見ない急成長を遂げていた時代は、親の力で子どもを育てることができました。夫が稼ぎ、妻は専業主婦となって子育てと家事に専念しても、2〜3人の子どもは育てられ人並みな教育を与えてあげられました。しかし、いまやそのような家庭は少数派です。主婦の7割は働いています。働いていない3割には障害のあるお子さんがいたり、介護などで働きたくても働けないかたも含まれています。

世帯平均所得は1995年前後にピークを迎え、そこから下降しています。「昔のように頑張ればなんとかなる」時代は終わったのです。社会全体で子育てのコストを負担しなければ若者は子育てができません。上向かない出生率は「子育てを助けてほしい」という若者の声にならない叫びなのです。その事実をしっかりと受け止めなければなりません。このままいけば、日本の出生率は改善せず、日本の人口は急激に減っていきます。長寿社会で高齢者は増加しますが、働ける世代はどんどん減ります。税収は減り、年金や医療は破綻します。

２０５０年、いまから約30年後、あなたは何歳ですか？

高齢社会白書によれば、[*3] ２０５０年に65歳以上の高齢者は３７６７万人。それに対して、０から14歳までの年少人口は９３９万人しかいません。子ども１人に４人の高齢者という割合です。２０１６年に１００万人を切った出生数は、２０６０年には48万人と推計されています。いまのまま何もしなければ確実に30年後にやってくる社会です。少子化というと、少し遠い未来、自分には関係ないと思いがちですがけっしてそうではありません。このまま何もしなければ、あなたはこのままずっと年金や医療の社会保障の破綻を恐れながら、そして若い世代の希望を奪いながら生きていかなければならないのです。それは、あなたがこの先、生きたい日本の社会でしょうか？

戦後奇跡の復興を成し遂げたように、少子高齢化という課題を乗り越えるためには、私たちは行動しなければなりません。みんなが手を携えて、子どもの貧困を解決し、すべての子

＊3　高齢社会白書　http://www8.cao.go.jp/kourei/whitepaper/w-2012/zenbun/s1_1_1_02.html

どもが生き生きと成長し、若者が安心して子どもを産み育てる社会づくりに今すぐとりかかりましょう。

子ども・若者・子育て支援に資金を投入しよう

まず、最初にやらなければならないのは、「子ども・若者・子育て支援に積極的に資金を投入する」とあなたが決めることです。これはあなたのお金を直接的に払うということではありません。税金の使い道として、子ども関連に最優先にお金を使うのを、あなたが応援するということです。

いまの日本の税金の使い道は、圧倒的に高齢者重視です。高齢者の方も不安は多いでしょうが、子育て世代はもっと不安が多いのです。だから子どもを産むのを控えています。

子どもや子育て世代を大事にするという意思をあなたがもつことです。すでに子どもを大事にしているという方は、もっともっと声をあげてください。

いま、保育園が足りません。いまの日本では、子どもを育てて良い教育を与えるにはたくさんのお金がかかります。仕事を辞めて子育てに専念してしまうと、子どもの手が離れてから仕事に戻ろうと思っても、パートの仕事しかありません。だからなんとか仕事を辞めずに子どもを産みたいのです。そのためには保育園が必要です。ところが保育園をつくろうとすると、近隣住民から反対の声が上がって断念せざるを得ない、というニュースを聞きます。

「保育園来るな」とは、なんと悲しいことでしょう。保育園がないところでは子育てができませんから、若い世代は保育園のある場所に移っていきます。若い世代がいなくなってから「どうぞ来てください」と言っても、もう遅いのです。いまは少し静かなほうがいいかもしれませんが、10年後を想像してみてください。高齢者だけがいる町が、皆さんの求めるものですか？

困窮家庭や子育て世帯に、手当などの現金を給付することにあなたは賛成ですか？　私は、いますぐにでも児童手当を18歳、せめて高校卒業までは延長するべきだと思います。毎月１万円、１年間で12万円、３年でもたった36万円です。子育てで一番お金がかかるときに、税金を子育て世帯に再分配するのは最良の使い道ではないでしょうか？

子育て世帯に現金を給付しようとすると、多くの方から厳しい声が声高に叫ばれます。

「現金を配ると、それを教育に使うかどうかわからない。親がパチンコや酒に使ってしまうかもしれない。だから、現金を配るのは反対だ！」

という声が非常に多く上がるので、実は政府がやりたくても実現できないのです。

年金には、年金積立金の不足分として毎年10兆円以上の税金を使っています。年金なら、パチンコでも酒でも、豪華海外旅行でも、何に使っても誰も「税金の無駄使いだ！」と責めないのに、なんで子育て世帯に配る税金だけ、「教育に使わないのならだめ」と言って反対するのでしょう？

医療費も同じです。高齢者への医療費は、平均一人当たり年間90万円以上かかっており、そのほとんどを医療保険でカバーしています。これが良いとか悪いとかではありませんが、高齢者一人ひとりにそれだけの医療費がかかり、これは子育て世帯を含む現役世代が払う健康保険や税金で賄われています。かたや、ようやく子どもの医療費の無償化が進んできたのに、「医療費を無料にすると必要のない受診が増えるから、良くない」という人がいるのです。たしかにごく一部、あまり必要のない受診をする方もいるかもしれませんが、それでは高齢者の方はいかがでしょうか？

妊娠・出産は病気ではないので健康保険がききません。代替えとなる補助制度があるので、出産費用の大部分はカバーされるのですが、とにかく「出産は病気ではない」ので産婦人科にかかっても保険は適用されません。それでは皆さんに聞きたいのです。「老化は病気ですか？」と。老化による体の不調は保険でカバーされるのに、妊娠・出産による体の不調は保険でカバーされないのは、少し不公平ではないでしょうか？　子どもの医療費は高齢者に比べればずっと少ないのです。それなのに、小さなことを指摘してお金を取らなくてもいいと思いませんか？

自民党の若手議員の方々から提案されている「こども保険」についても同様です。制度の詳細はどうあれ、保育無償化はすぐにやったほうがいいと思いますし、財源がないなか、国民が広くその費用を負担しあうのは良いと思います。しかしなかには驚くべき反対意見をおっしゃる方がいるのです。

――子どもがいない人からも保険料を取るのは不公平

――子どもはいるが（低所得などで）保険料を払わない人にも給付するのか？

いまの現役世代はもちろん、子どもや若者は、絶対自分が払った分は取り戻せない年金を収めましょうと強いられています。年金を納めることは国民の義務とされています。自分の親がいない児童養護施設出身の孤児も、すでに両親がいない若者も、見ず知らずの高齢者のために多額の年金と税金を納めています。高齢者は自分の親でも身寄りでなくても国民全員で支えるのですから、次世代を担う子どもも当然、国民全員で支えなければなりません。高齢者同様、子どもも自立はできません。保険や年金の担い手として義務を課すのであれば、親だけが子育てや教育の費用を負担するのは不公平です。だったら、子どもなんて産まないほうがいいと考える若い世代が増えるのも当然です。費用負担ができない親は子どもを産むのをあきらめ、さらに産んだ後で子どもの貧困に陥ってしまうのです。

日本の子どもの貧困は、「つくられた貧困」と言えるかもしれません。実は、税の再分配（社会保険などを納め、いろいろな手当てなどをもらう）前には、日本より子どもの貧困率が高い国がほとんどなのですが、他の先進国は、子どもや子育て、教育などへの税金の再分配が多いので、再分配後は子どもの貧困率は劇的に改善します。たとえば、デンマークやフィンランドは子どもの貧困率は5％以下ですが、再分配前は日本の子どもの貧困率とそれほど変わりはありません。他の国は皆、しっかり子育てや教育の費用を税金で再分配し、それにより子どもの貧困が大幅に減っているのです。

「好きで子どもを産んだんだから、親が育てるのが当然だ」という考えの方は、「好きで長生きしているんだから、自分でなんとかするのが当然だ」と高齢者に言えるのでしょうか？

それが本当に私たちの求める国でしょうか？

高齢者も子どもも、社会全体で支える仕組みを早急につくる必要があるのです。

どうか、子どもや子育てに税金を使おうとするときに、大きな声で賛成してください。これは皆さんができる子どもの貧困対策として少子化対策として、とても重要です（図５−９）。

企業の積極的な参加を！

少し意外なのですが、実は日本企業で、日本の子ども支援に積極的に取り組んでいる企業は今まであまりありませんでした。多くの企業が海外の子どもの支援、それこそ学校を建てたり、ユニセフなどのＮＧＯに寄付をしているのですが、日本の子どもの支援をしている企業は少なかったのです。なぜかというと

「日本にも貧困な子どもがいて、さまざまな支援を必要としている」

とは思ってもいなかったからです。

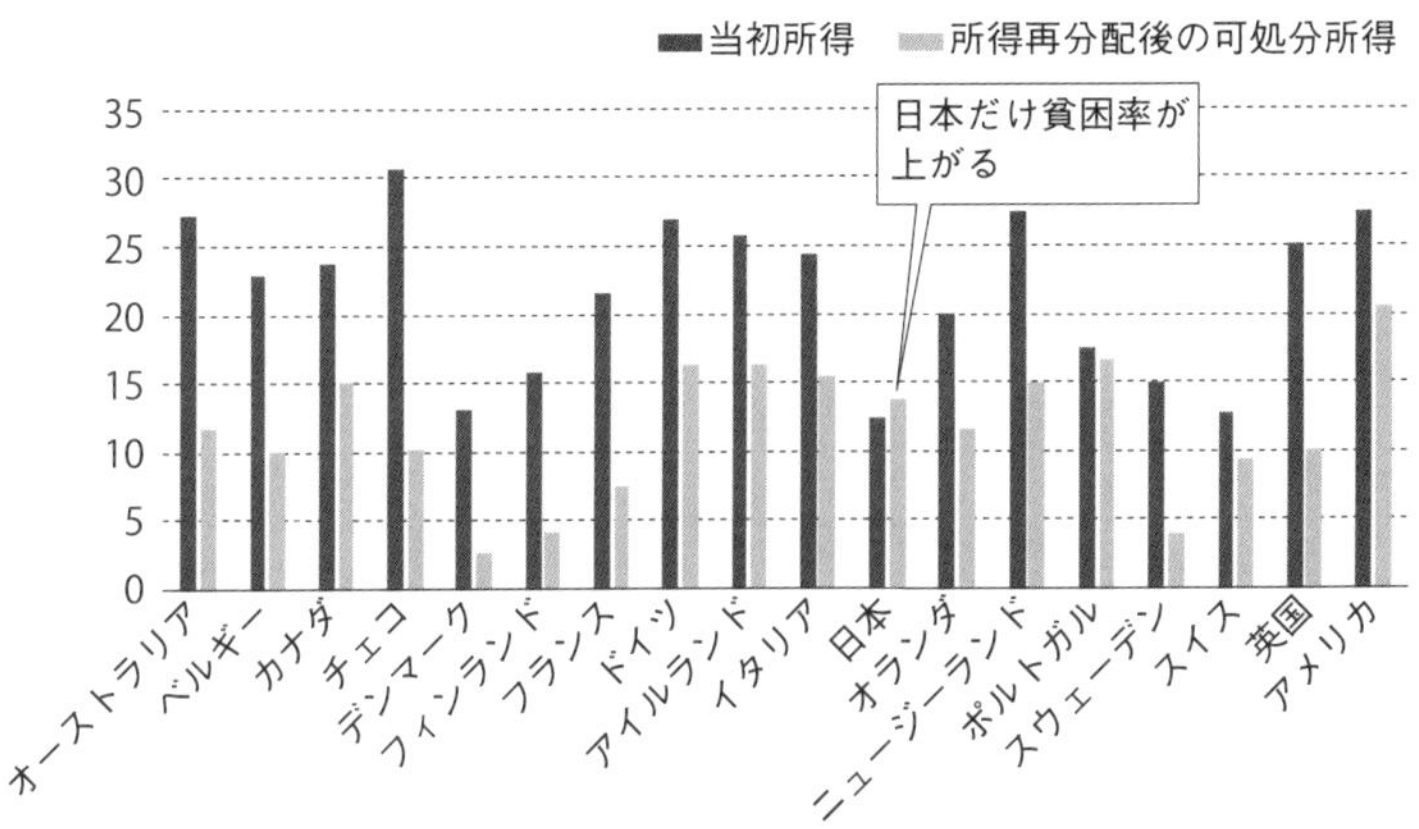

図5-7　子どもの貧困率　当初所得と再分配後の比較

資料：OECD「Growing Unequal? (2008)」より厚生労働省政策統括官付社会保障担当参事官室作成

しかし、東日本大震災のときには、多くの企業が子どもたちのために多額の寄付をしましたし、それがきっかけになって、震災後も日本の子どもたちを支援しようと動きはじめる企業も増えました。私たちの活動にご興味をもっていただいた企業に、日本の子どもの貧困の実態をお伝えすると、

「日本の子どもたちがそんなに大変だとは知らなかった」

と皆さん驚かれます。そして寄付をしてくださったり、無料学習会の会場をご提供いただいたり、子どもたちの体験活動を企画してくださったりと、いろいろなご支援を申し出てくれます。

しかし日本の子どもの貧困に関わってくださっている企業はまだまだ多くはありません。ぜひ、もっともっと多くの企業が、日本の子どもやひとり親への支援や子育て支援に参加してほしいと思っています。

私たちの活動には、行政から子どもの貧困対策として事業を受託しているだけではなく、企業や個人のご寄付や民間の助成金などをいただいて行っている学習会がたくさんあります。行政の事業だけではかばいきれない子どもたちの受け皿となっています。また企業の方々と相談しながら、これからの社会を生き抜くための英語やＩＴの力をつける学習会など、学校の勉強の補習ではないさまざまなスキルを身につける学習会を運営しています。その他にも、地方の子どもや若者に起業マインドをもってもらう企画なども実施しています。

私たちだけではなく、日本全国に子どもの貧困を解決するための取り組みをしている団体も増えてきました。国も「子供の未来応援基金」を設け、企業からの寄付で全国のＮＰＯの助成をしています。

ご支援いただいている企業の方からお話を伺うと、社員の方々にも「日本の子どもの貧困」の支援は好評だそうです。

「子どもたちの頑張る姿を見て、逆に勇気をもらった」

「支援をしているつもりだったが、子どもたちの声を聞いて自分たちが励まされた」

とおっしゃっていただきます。子どもたちの元気な姿は、それだけで社会の宝なのです。

あなたにできること

貧困状況にある方たちは、自分からはなかなか「困っているから助けてほしい」と声をあげられません。それどころか、多くの方は「助けてほしい」と思っていません。私が「子どもの貧困が大変だ！」と騒いでいるのも、実は迷惑に思っていらっしゃる方もいるかもしれません。日本では「貧困バッシング」がたびたび起こるのです。「生活がちょっと苦しい」と声をあげた人の行動や持ち物を調べて、

「外食でランチができるんだから貧困じゃない」

「スマホをもっているから貧困じゃない」

と、寄ってたかって叩くような人がいるのです。その様子を見ているから、「貧困だから助けてほしい」と声をあげられないのです。

私たちがつくりたいのは、そんな社会でしょうか？

友達と楽しくランチができたら「良かったね」と、スマホをもてたら「素敵だね。良かったね」と一緒に喜んであげたほうが、自分も楽しくなります。そういうお互いが楽しい気持ちになる関係性がとても大事だと思うのです。もしかしたら、あなたが病気で倒れたときに手伝ってくれるのは、彼や彼女かもしれません。周りの人たちが楽しく過ごせるように、自

分ができることを今すぐはじめてみませんか？　困っている人がいたら、「あなたが悪いからこうなったんだ」と責めるよりも、「困ったねぇ、どうしようかねぇ」と寄り添ってあげるほうが、実は自分が一番楽しいです。成績の悪い子を「勉強しないあなたが悪い」と責めるよりも、「しょうがないなぁ、じゃ一緒に勉強しようか？」と勉強を教えるほうが何倍も気持ちがいいのです。ＮＰＯをはじめて、大変なこともたくさんありますが、現場に行って、子どもたちが笑いあっている姿を見ると疲れも吹き飛びます。

貧困状況にある人を「あなたが悪い」と責めるよりも、そこからどうやって脱出するかを一緒に考えるほうがずっと楽しいし、そういう仲間が多ければ多いほど、子どもの貧困の解決も早いのです。老若男女どなたでも、いますぐできることがたくさんあります。ぜひ、皆さんと一緒に、子どもの貧困を解決しましょう。

まずは、日本の子どもや若者の現状を良く理解する、自分の地域の子どもの貧困対策や子育て支援策がどうなっているのか、に関心をもってください。昔の日本と今の日本では子育てや教育の環境は大きく変わっています。日本を取り巻く世界も変わっています。日本がどう生き残っていくのか、その重責が子どもたちにかかっているのです。

そして、興味が湧いたら、ぜひ講演会やセミナーに参加してみてください。今は日本各地で、子どもの貧困や若者支援、子育て支援に関するイベントが行われています。

子どもの貧困に取り組む日本のＮＰＯへのアンケート調査の結果では、どこの団体も活動資金の獲得とボランティアの確保を最大の課題に挙げています。寄付やボランティアは、どこの団体も大歓迎です。

子どもの貧困対策は「福祉」ではなく「将来への投資」です。厳しい環境に暮らす子どもたちも、みんな、とても才能に溢れて、将来の可能性に満ちています。みんなができることを少しずつやっていけば、明るい未来が開けるのです。

活動を始めた最初の年に私たちが受け取ったあるお母さんからのメッセージを最後に紹介します。母子家庭の中学3年生の息子さんが無料学習会に通っていて、年末に、フードバンクのＮＰＯと連携して食料品をお届けしたときにいただいたメールです。

――たくさんの食材をありがとうございます。いつもは、夜遅くまで仕事をして、スーパーの閉店間際に駆け込んで、見切り品のお惣菜を買って慌ただしく子どもに食べさせています。今日は、まっすぐ家に帰って、いただいたシチューの缶詰を温めて、息子と二人でゆっくりとご飯を食べました。息子が

「受験の勉強を教えてもらって、その上にこんな美味しい食事までもらって、僕はどうやってお礼をすればいいのだろう?」

と聞くので

「いまのあなたでは力不足で何もできないから、いまは勉強を頑張って、できるようになったら、社会にお返しをするのがいいと思う」

と答えました。

私は何よりも、息子とこういう会話ができる時間を持てたことが、本当にうれしかったのです――

あなたのちょっとした行動が、日本の子どもの未来をつくるのです。

おわりに　――感謝をこめて

最後までお読みいただきありがとうございます。

最近は、私の顔をテレビや新聞などで見る子どもも増えてきて、学習支援の現場に行くと「りじちょー」

と、駆け寄ってハグをしてくれる子どもがいます。

正直「子どもの貧困を解決するなんて、無理なんじゃないか」と、くじけそうになる時もありますが、子どもたちに声をかけてもらうと「まだまだ頑張らなければ！」と、元気が出ます。これこそが子どもたちのすばらしいパワーであり、日本に最も必要な力です。

くれぐれも誤解をしていただきたくないのですが、様々な理由で、現在親御さんの収入が低く、本書で「貧困」としている子どもたちは、決してかわいそうな子どもではありません。自分たちのことを「貧困」と言われ、傷ついている親御さんや子どもたちがいると思うと心が潰れそうです。それでも、この本を書いたのは、「まずはよく知ること」が、何よりも皆さんの次の一歩を踏み出す原動力になると信じているからです。

経済的に貧困と言われる子どもたちも、みんな素晴らしい才能にあふれて、将来の可能性に満ちています。私たちの現場は、どこも、子どもたちの明るいエネルギーで満ちています。本当に、子どもは最高です！

キッズドアの活動をはじめてから、今まで本当に多くの方が私たちを助けてくださり、ともに子どもの貧困解決に向けて、歩んでくださいました。

日本全国各地で子どもたちを支えているＮＰＯや市民団体、社会福祉協議会や社会福祉法人、行政や学校の関係者、民生委員や自治会など子どもに携わるすべての皆さま、子どもたちの笑顔のために絶え間ない努力をありがとうございます。

キッズドアを支えてくださる個人や企業、財団の支援者の皆さま。ご寄付やボランティア、職場体験やワークショップなどどれもがかけがえのないものです。心より感謝します。

日本の子どもの貧困が明らかになったとき、政府がいち早くこの解決に向けて取り組みました。内閣府のもと厚生労働省や文部科学省と連携した子どもの貧困対策が次々とまとめられました。このようなスピーディな対策が、子どもの貧困率の改善につながっています。ぜひ、これからもさらに色々な施策をお願いいたします。

子どもの貧困を解決するためには、行政との連携が不可欠です。日本全国で子どもの貧困対策に取り組んでくださる行政の皆さま、本当にありがとうございます。

ライオンズクラブやロータリークラブのご協力も、子どもたちの笑顔の源です。毎週学習会に食事をつくりに来てくださる東京ウィルライオンズクラブの皆さま、素敵なイベントを開催してくださる東京中央ロータリークラブの皆さまには感謝しきれません。

この本の出版を快く引き受けてくださり、原稿を待ち続け、励ましてくださった水曜社の仙道社長。ありがとうございました。

そして、私の仕事を理解し、超手抜き家事をあきらめて温かく見守ってくれる家族と、私と夫の両親。みんながいてくれるから、仕事ができます。毎日感謝しています。

最後に、今日も、日々現場で子どもたちと向き合うスタッフやボランティアの皆さま。みなさん一人ひとりの力こそが、キッズドアのすべてです。心より感謝いたします。

これからも、すべての子どもが夢や希望を持てる社会の実現をめざして！

渡辺 由美子（わたなべ・ゆみこ）

特定非営利活動法人キッズドア理事長。千葉大学工学部卒。大手百貨店、出版社を経てフリーのマーケティングプランナーとして活躍。配偶者の転勤に伴い１年間英国で生活し「社会全体で子どもを育てる」ことを体験。2007年任意団体キッズドアを立ち上げ、2009年特定非営利活動法人（ＮＰＯ）設立。日本のすべての子どもが夢と希望を持てる社会を目指し、活動を広げている。内閣府子供の貧困対策に関する有識者会議構成員、厚生労働省社会保障審議会（生活困窮者自立支援及び生活保護部会）委員、専修大学非常勤講師、「全国子どもの貧困・教育支援団体協議会」設立世話人・副代表幹事などを歴任。

NPO 法人キッズドア　www.kidsdoor.net

子《こ》どもの貧困《ひんこん》
――未来《みらい》へつなぐためにできること

発行日　二〇一八年 五月二十八日　初版第一刷発行
　　　　二〇一八年 八月　十一日　初版第二刷発行

著者　渡辺 由美子
発行人　仙道 弘生
発行所　株式会社 水曜社
〒160−0022 東京都新宿区新宿一−一四−一二
電　話 〇三−三三五一−八七六八
ファックス 〇三−五三六二−七二七九
URL：suiyosha.hondana.jp/

本文ＤＴＰ　小田 純子
装幀　本間 公俊
印刷　図書印刷 株式会社

ISBN 978-4-88065-439-3 C0036